あなたを成功へと導く名言777

インパクト編

永岡書店

はじめに

ＡＩという人工知能はあれあれという間に社会に浸透。私たちの暮らしぶりはすこぶる快適になりました。その一方で、ＡＩに取って代わられて仕事を奪われる人が続出。未来を憂う声は日増しに大きくなっています。ＡＩに支配される社会になってしまうのでしょうか。

しかし、どんなに優秀なＡＩをもってしても、人間の感情である喜怒哀楽の能力はまだまだ人間には遠く及ばないといわれています。当然、ＡＩが私たちの心を慰めてくれることもないでしょう。うれしいとき、苦しいとき、つらいとき、病めるとき、私たちの心を諌めてくれるのはＡＩの知能ではなく、これまでに人の心を支えてくれた名文句ではないでしょうか。

戦国時代の名軍師、黒田如水は「乱世の時こそ、多くの書を読み、詩を作り、古書を覚え、文字をたしなめ、それこそが真に通じる大事な道である」と、混沌とした時代の生き方を説いています。この言葉にどれほどの人が自らの身をただし、行くべき道を見出したことでしょう。また、マザー・テレサは「やさしい言葉は、たとえかんたんな言葉でも、ずっとずっと心にこだまする」と説いています。

〝言葉〟には、迷った人々を助けてくれる道しるべとなりえるパワーが潜んでいます。

本書では、歴史上の偉業を成し遂げた英雄だけでなく、小説家や企業家、スポーツ選手など古今東西の先人たちが紡いだ言葉の中から、「背中を押してくれる言葉」「心を奮い立たせてくれる言葉」「成功をたぐり寄せる言葉」「人間関係に悩むあなたを救う言葉」「気持ちを楽にする言葉」という5つのシチュエーションで、あなたの助けになるものを選びました。

本書には名言の解説はあえてつけていません。言葉は、読む人の心の状況や体調などによって印象が大きく異なります。解説をつけることで、その印象の幅を狭めてしまうのではないかとの思いからです。

一度読むだけでなく、何度も本書を取り出してみてください。以前読んだときはあまり響かなかった言葉が突然輝き出すこともあるはずです。この本が、そして、この本に収録した名言たちが、あなたが生きていくうえでのパートナーになればこれほどうれしいことはありません。

インパクト 名言研究会

目次

第5章 気持ちを楽にする言葉——149

※人物の肩書きは、基本的に言葉を発した当時のものを掲載しています。

葉

失った物を数えるな！
残った物を
最大限に生かせ！

高橋明（全日本車いすバスケットボール総監督）

勝てると思えば勝てるのだ。
自信こそ勝利の条件である。

ウィリアム・ハズリット（評論家）

夢は逃げない。
逃げるのは
いつも自分だ。

高橋歩（作家）
『夢は逃げない。逃げるのはいつも自分だ。』
（サンクチュアリ出版）

きつくても、がまんすること。
がまん、がまん。

サムエル・ワンジル
（陸上男子マラソン金メダリスト）

人間一心になったら、
なんだって出来ねえことはねえ。

落語『愛宕山』

失敗の反対はなんだと思う？
それは成功ではないんだよ。成功の延長線上に失敗があって
成功するんだ！　じゃけん、失敗の本当の反対は、
『何もしないこと』『何も行動しないこと』なんだ。

岡平健治（ミュージシャン）

困難な状況に立ち向かうあなたへ

人間は想像できることなら
どんなことでも実現できる。

（ヘンリー・フォード〈フォード・モーター創設者〉）

出来るというより出来ないという方が難しい。
出来ないと言い切るためには
あらゆる可能性を探さなければならないからだ。

島秀雄（宇宙開発事業団初代理事長）

私は決して障害に屈しはしない。
いかなる障害も、
私の中に強い決意を生み出すまでだ。

レオナルド・ダ・ヴィンチ（芸術家）
『レオナルド・ダ・ヴィンチの手記』（岩波書店）

すべてが失われようとも、まだ未来が残っている。

クリスチャン・ネステル・ボヴィー（アメリカの作家）

絶望的な状況というものはない。
人が状況に対して絶望的になるだけだ。

クレア・B・ルース（劇作家）

成功の可能性は0％だと言われて、
諦める事ができるような、そんな軽い気持ちで
夢を追いかけたわけじゃないです。

ジダン（サッカー選手）

ものごとをあるがままの姿で受け入れよ。
起こったことを受け入れることが
不幸な結果を克服する第一歩である。

ウィリアム・ジェームズ（心理学者）

本当に成功する人は、どのような計画であっても、待つこと以外に何もできない時期があることを知っている。危険なのは、この時期にあきらめてしまうことである。

ロバート・シュラー（牧師）

山が高いからといって、戻ってはならない。行けば超えられる。仕事が多いからといってひるんではいけない。行えば必ず終るのだ。

モンゴルのことわざ

どのような人間でも近づけば小さくなる

ユダヤの格言

昨日から学び、今日を生き、明日へ期待しよう。

アインシュタイン（物理学者）

危険が身に迫った時、逃げ出すようでは駄目だ。かえって危険が二倍になる。決然として立ち向かえば、危険は半分に減る。何事に出会っても、決して逃げるな。

チャーチル（イギリスの首相）

困難は人を落胆させるものではなく、決然と奮起させるものである。

チャニング（牧師）

生命のあるかぎり、希望はあるものだ。

セルバンテス（スペインの作家）
『ドン・キホーテ』（岩波書店）

できないと思ったことをクリアした人だけが、
一段上の景色を見ることができる。

石黒由美子（シンクロナイズドスイミング選手）
『奇跡の夢ノート』（日本放送出版協会）

「現代は生きづらい時代」と言われるけれど、
人間が生きづらくなかった時代など
あっただろうか。

南直哉（禅僧）

飛ぶためには抵抗がなければならない。

マヤ・リン（アメリカの芸術家）

笑われて、笑われて、つよくなる

太宰治（小説家）

人生の半分はトラブルで、
あとの半分はそれを乗り越えるためにある。

映画『八月の鯨』

人生における大きな悦びは、「お前にはできない」
と世間がいうことを行うことである。

ウォルター・バジョット（ジャーナリスト）

私はたえず喜びを求めながら生きている。そのための苦労には精一ぱいに耐える努力を惜しまない。

本田宗一郎（本田技研工業創業者）
『本田宗一郎一日一話』（ＰＨＰ研究所）

障害を避ければストレスは減るが、自分が生まれ変われるチャンスを逃す。

三科公孝（ノウハウバンク代表）

好き嫌いっていうのは、信用していないです。やっていたら、好きになるんじゃないですか。

柳井正（ユニクロの社長）

どんな芸術家でも最初は素人だった。

ラルフ・ワルド・エマーソン（アメリカの思想家）

私は常に楽天主義である。事業は常に盛衰興廃が伴う。その都度これが為に精神を動かしているようでは、到底健康の維持ができるものではない。

浅野総一郎（浅野財閥創始者）

幸せになるには、好きなことをやるか、やっていることを好きになるか、です。

関野直行（メンタルコーチ）
『あなたにやさしい精神世界』（ＰＨＰ研究所）

大きな問題に直面したときは、
その問題を一度に解決しようとはせずに、
問題を細分化し、その一つひとつを
解決するようにしなさい。

アンドリュー・カーネギー（アメリカの実業家）

悩んでも屈しない人こそ、まことに崇高である

ロングフェロー（詩人）

一度とりかかったら途中でやめない。
どんな状況下でもチャンスはある。
必ず成功すると信じてやり抜くこと。

森泰吉郎（森ビルの創業者）

成功者とは、どんな不幸にも屈せず、
逆境を有利な状況へ転化する術を
こころえている。

トーマス・エジソン（発明家）

変えるにはリスクが伴う。
変えなければもっと大きなリスクが伴う。

ジョン・ヤング（宇宙飛行士）

人生は近眼と遠視と両方でものを見た方がいい。
時には視座を変えて、「鳥の目、虫の目、魚の目」
になって、ものを見ることが大事だ。

石井英夫（コラムニスト）

何をやるのかを決めるのは簡単。
何をやらないのかを決めるのが大事。

マイケル・デル（デルコンピュータ創業者）

知恵は知識に勝る

パスカル（数学者・哲学者）
『パンセ』（中央公論新社）

幸福になる秘訣は、快楽を得ようとひたすら努力することではなく、努力そのもののうちに快楽を見出すことである。

アンドレ・ジット（フランスの小説家）

弱気は最大の敵

津田恒実（プロ野球選手）

経済活動、経済機関、経済合理性は、それ自体が目的ではない。非経済的な目的、すなわち人間的な目的や社会的な目的のための手段である。

P・F・ドラッカー（経営学者）
『すでに起こった未来』（ダイヤモンド社）

種をまかない限り、実はならない。
将来、大きな実を実らせたいというなら、
今は思いっきり種をまくことである。

青木仁志（コンサルタント）

生きていれば、
自分の道を行くしかないときが、かならず来る。

セルジオ・バンバーレン（小説家）
『ドルフィン　海は、夢をかなえるところ』（ＰＨＰ研究所）

進むときは人まかせ、退くときは自ら決せよ。

河井継之助（越後長岡藩牧野家の家臣）

心を込めて仕事をしなさい。
そうすればあなたは必ず成功する。
なぜなら、そういう人は
ほとんどいないからである。

エルバート・ハバード（アメリカの作家）

大切なのは、自分のしたいことを
自分で知っていることだよ

トーベ・ヤンソン（児童文学作家）
『ムーミン谷の夏まつり』（講談社）

人間は何を知っているかではなく、
何をしようと思っているかによって、
価値・無価値、能・不能、幸・不幸がきまる。

リントネル（オーストリアの教育学者）

遠くの何か動かない一点をみつめなさい。
そうすれば、足元も動かないから。

奥村真知（実業家）

どの道を行くかは、
あなたがどこに行きたいかによります。

ルイス・キャロル（童話作家）
『不思議の国のアリス』（新潮社）

前へ！　これがすべての原点。

北島忠治（明治大学ラグビー部監督）

過ぎたことは夢。来るものは希望。

アラブの格言

人間というのは時間が経つと迷うんです。

経沢香保子（実業家）

確信を持つこと、
いや確信を持っているかのように行動せよ。

ゴッホ（画家）

決心する前に、
完全に見通しをつけようとする者は、
決心することはできない。

アミエル（スイスの哲学者）

戦いは考え過ぎては勝機を逸する。
たとえ草履と下駄とをちぐはぐに履いてでも
すぐに駆け出すほどの決断。それが大切だ。

黒田如水（戦国武将）

不決断こそ最大の害悪

デカルト（哲学者）
『情念論』（岩波書店）

運命とは、振り返ってみた時に
劇的な結果をもたらした選択に
与えられる名前である。

J・K・ローリング（作家）

才能とは、自分自身を、
自分の力を信じることだ。

マクシム・ゴーリキー（ロシアの作家）
『どん底』（岩波書店）

こびへつらうのは、
自分に対しても他人に対しても、
低い評価しか持たないからである。

ラ・ブリュイエール（フランスのモラリスト）
『人さまざま』（白水社）

他の人々に対する期待、
私はそれらを2倍にして自分に向ける。

ジェームス・ブラウン（歌手）

人生の大きな最終目標は知識ではなく、
行動である。

ハックスリー（イギリスの生物学者）

勇断なき人は事を為すこと能はず

島津斉彬（薩摩藩主）

最も重要なことは、自分ひとりで決めるべきだ。

正力松太郎（実業家）

小さな計画は立てるな。
でっかいことを考えろ。

クラレンス・フランシス（ゼネラルフーズ社長）

チャンスは蓄積できない。

ヘンリー・キッシンジャー（アメリカの政治家）

新しいことにチャレンジするとき

なんでもやってみなはれ、
やらなわからしまへんで。

鳥井信治郎（サントリーの創業者）

STANDARD
MAP OF
THE WORLD
GREENLAND
ALASKA
NORTH AMERICA
ATLANTIC
CENTRAL AMERICA
MEXICO
SOUTH AMERICA
BRAZIL
OCEAN

人間は、結局、自分がなりたいと思う人間になる。

ゲーテ（文学者）

最高位にのぼらんとせば、最下位よりはじめよ。

プブリリウス・シルス（ローマの劇作家）

失敗する人には二種類ある。考えたけれど失敗した人と、実行したけれど考えなかった人だ。

ローレンス・J・ピーター（教育学者）

行動がどれほど価値あるかを知るためには、行動しない場合を何か想像してみるとよい。

ジョージ・シン（実業家）

馬で行くことも、車で行くことも、
二人で行くことも、三人で行くこともできる。
だが、最後の一歩は
自分ひとりで歩かなければならない。

ヘルマン・ヘッセ（作家）

自分の前に敵がいっぱいあらわれたときは
振り返って見よ。味方がいっぱいいるものだ。

生田長江（評論家）

天才とは、蝶を追って
いつのまにか山頂に登っている少年である。

ジョン・スタインベック（作家）

どうせ空想するなら思いきりすばらしい想像にしたほうがいいでしょう?

L・M・モンゴメリー（作家）

現実の人生では、
あらゆる偉業は信念に始まり、
信念によって第一歩を踏み出す。

アウグスト・フォン・シュレーゲル（ドイツの批評家・詩人）

人間は知と行だけではダメである。
そこには、必ずだれにも負けないという信念が
必要だということである。

五島慶太（東急グループ創業者）

夜、眠りに入るまえに「やるべきことをまだ実行していない」と思い出したら、すぐに起き上がり、実行しなさい。

ドストエフスキー（小説家）
『カラマーゾフの兄弟』（新潮社）

あれになろう、これになろうと焦るより、
富士のように、黙って、
自分を動かないものに作りあげろ。

吉川英治（小説家）

決定の時が来たら、準備の時は過ぎ去っている。

アメリカのことわざ

志の低い男は、目のつけどころが低い。

山本常朝（江戸時代の武士）『葉隠聞書』

何より痛感したのは、
『とにかくやってみる』ことの大切さ。
これが人間が成長するための
最良で最大の方法と学んだ。

増田宗昭（TSUTAYA創業者）

人生で犯す最大の誤りは、
誤りを犯しはしないかと絶えず恐れることだ。

エルバート・ハバード（アメリカの作家）

ただ確かなことは、
自分の中に燃料を持っていなければ、
人の心を燃やすことはできない。

朝比奈隆（指揮者）

人間を偉大にしたり卑小にしたりするのは、
その人の志である。

フリードリヒ・フォン・シラー（ドイツの詩人）

希望と恐れは不可分である。
希望のない恐れも、
恐れのない希望も存在しない。

ラ・ロシュフコー（文学者）

過去の成果で未来を生きることはできない。
人は一生何かを生み出し続けなければならない。

カール・ハベル（メジャーリーガー）

敗者はチャンスよりも保障を望む。

ロバート・キヨサキ（投資家・実業家）

批判を恐れることは、成功を恐れることだ

ナポレオン・ヒル（著作家）

未来を自分で作ること。
これが未来を予測する最も簡単な方法なんだ。

アラン・ケイ（「パソコンの父」と呼ばれる計算機科学者）

無欲は怠慢の基である。

渋沢栄一（実業家）

発見の旅とは、新しい景色を探すことではない。
新しい目をもつことだ。

プルースト（フランスの作家）

誰かがやるはずだった。
自分がその誰かになりたかった。

カール・ルイス（陸上選手）

野心は急流のようなものだから、後ろを見るな。

ベン・ジョンソン（イギリスの劇作家）

点と点の繋がりは予測できません。
あとで振り返って、点の繋がりに気付くのです。
今やっていることがどこかに繋がると
信じてください。

スティーブ・ジョブズ（アップル社の設立者の一人）

0から1への距離は
1から1000への距離より大きい

ユダヤの格言

風のないところでは、何も動かない。
熱意のないところに、価値は生まれない。

シャンティデーヴァ（宗教家）

駄目だったら方向を変えるだけのこと。
最終的な成功を見失わない限り、
チャンスはいくらでもある。

青木仁志（コンサルタント）

人生は欲望から欲望への連続である。
充足から充足への連続ではない。

サミュエル・ジョンソン（イギリスの文学者）

忍耐の草は苦い。
だが、最後には甘くやわらかい実を結ぶ。

カール・ジムロック（ドイツの文筆家）

いつかは誰かがやらねばならないことである。
だからうちがやる。

佐治敬三（サントリー会長）

堅固な戦略を背景に、計画をきちんと立てて経営する時代は終わったようだ。今や出たとこ勝負で、積極的に試行錯誤をやる方がいいのではなかろうか。そのうち何かいい策がつかめるような気がする。

菊地庄次郎（日本郵船会長）

疲れてくじけそうなあなたへ

疲れた人は、
しばし路傍《ろぼう》の草に腰をおろして、
道行く人を眺めるがよい。
人は決してそう遠くへは行くまい。

イワン・ツルゲーネフ（小説家）

成功とは、
意欲を失わずに失敗に次ぐ失敗を
繰り返すことである。

チャーチル（イギリスの首相）

人間志を立てるのに、遅すぎるということはない。

スタンリー・ボールドウィン（イギリスの首相）

よしよし、眠れるうちに眠っておけ。
明日はまた踏んだり蹴ったりされ、
くやし泣きをしなくちゃあならないんだ。

山本周五郎（小説家）
『季節のない街』（新潮社）

真の謙虚さとは自分の長所を
正当に評価することであり、
長所をすべて否定することではない。

サミュエル・スマイルズ（作家）

無駄になる努力はない

川上哲治（プロ野球選手）

ひとつも馬鹿なことをしないで
生きている人間は、
自分で考えているほど賢明ではない。

ラ・ロシュフコー（文学者）

立ち上がれ、今勝つ者が永久に勝つ。
刻々の勝利が最後の勝利をもたらす。

後藤静香（社会教育家）
『権威』（善本社）

機会を待て。だがけっして時を待つな。

ヴィルヘルム・ミュラー（ドイツの詩人）

状況？　なにが状況だ。状況は俺がつくるのだ。

ナポレオン（フランス皇帝）

考えるな、感じろ

映画『燃えよドラゴン』

「これ以上悪くなったら、いくらなんでも…自覚して、何とかしようと立ち上がるでしょう」と言うかもしれません。しかし、世界にはそれをしなかった国が沢山あります。

大前研一（実業家）
『質問する力』（文藝春秋）

小さな個人の頭脳で割り切れることは人生には一割もない。後の九割はやってみねばわからない。だからどんどん体当たりしていく人が、不思議なくらい次々と仕事を解決していく。

吉田忠雄（ＹＫＫ創業者）

カチマケの結末は、上手に勝てばそれに越したことはない。上手に勝てなければ、むしろ上手に負けた方がいい。

松永安左ヱ門（実業家）

人に負けるな。どんな仕事をしても勝て、しかし、堂々とだ。

沢村栄治（プロ野球選手）

練習を怠る人が上手くなることはないんですよ。修練して上手くなった人がより上手くなるんです。選手のみんなを誉めてやってください。

王貞治（プロ野球監督）

なりたかった自分になるのに、遅すぎるということはない。

ジョージ・エリオット（イギリスの作家）

直感に従え。それでこそ、真の知性が発揮される。

オープラー・ウィンフリー（アメリカの女優）

急いでも仕方がない。寝ころんで待つのが第一だと思っています。

勝海舟（幕臣）

たまには休むのもひとつの仕事じゃない？

トーベ・ヤンソン（児童文学作家）

私は特別な人間ではない。
しいて言えば普通の人より
ちょっと努力しただけだ。

アンドリュー・カーネギー（アメリカの実業家）

なにかを極めるとき、人は無傷ではいられない。

吉田秀彦（柔道金メダリスト・格闘家）

あることを真剣に三時間考えて
自分の結論が正しいと思ったら、
3年かかって考えてみたところで、
その結論は変わらない。

フランクリン・ルーズヴェルト（アメリカ大統領）

人間というのは馬鹿なもので、たとえ、
今日の命があっても、明日という日は
わからないということを忘れている。

ニコライ・ゴーゴリー（ロシアの小説家）

事を行うにあたって、いつから始めようか、
などと考えているときには、
すでに遅れをとっているのである。

クィンティリアヌス（ローマの修辞学者）

人《ひと》必死《ひっし》の地に入れば、心《こころ》必《かなら》ず決《けっ》す

横井小楠（江戸時代の思想家）

力があると思うゆえに力が出る。

ウェルギリウス（古代ローマの詩人）

使わねばへりて、使えばふえる物は智と力なり。

海保青陵（儒学者）

疲労した身体を養うものは睡眠であり、
疲労しない身体を培うものは運動である

ケント（アメリカの法学者）

道は邇《ちか》しといえども、行かざれば至らず

荀況（中国の思想家）
『荀子』

若い時の堕落はいかようにしても
浮かび上ることが出来る。

田山花袋（作家）
『妻』（岩波書店）

第2章 心を奮い立たせてくれる言葉

大きい声を出して、
いつも元気に
ニコニコしていれば、
たいていのことは
うまくいきます。

樋口廣太郎（アサヒビール会長）

人生はトランプゲームに似ている。
配られた手は決定論を意味し、
どう切るかはあなたの自由意志である。

ジャワーハルラール・ネルー（インドの初代首相）

毎朝、目を覚ますたびに、
お前はこう云ってもいいだろう
――「目が見える。
耳が聞こえる。
体が動く。
気分も悪くない。
有難い！　人生は美しい」

ジュール・ルナール（フランスの小説家）

好調なときに、「いつかはダメになる、こんなことが長く続くわけがない」と恐れおののく力が会社の力だと思う。

矢野博文（ダイソー創業者）

恥はかけばいい。だけど、自分に恥ずかしいことはしたくない。

新井田豊（プロボクサー）

世の中というものは、自分のためばかり考えていると、結局は自分のためになっていないことが多い。人のためだと思ってやったことが、まわりまわって自分のところに帰ってくるものだ。

越後正一（伊藤忠商事社長）

人生は近くで見ると悲劇だが、
遠くから見れば喜劇である。

チャップリン（映画監督）

不平をこぼす人間に与えられるものは、
憐れみよりも軽蔑である。

サミュエル・ジョンソン（イギリスの文学者）

何かやり遂げたい目標がなければ、
今いる場所で、精一杯がんばるしかない。

ドラマ『愛と青春の宝塚』

君はあいかわらず空想家だな。ぼくはこの目で
見ないものは信じない。そのかわり、この目で
見たものはどんなにばかげたものでも信じるよ。

トーベ・ヤンソン（児童文学作家）
『ムーミン谷の仲間たち』

自分探しの旅に出かけても見つかるわけがない。
自分が変わらなければ、どこに行っても一緒だ。

宮藤官九郎（脚本家）

鳥は卵からむりに出ようとする。卵は世界だ。
生まれようとする者は、
ひとつの世界を破かいせねばならぬ。

ヘルマン・ヘッセ（作家）
『デミアン』（岩波書店）

私は意思が強いと思っています。
でも、それは自分で強くしてきたのです。

朴セリ（プロゴルファー）

人間はおのおの他人の中に自分を映す鏡を持つ。そして、その鏡により自己のもろもろの罪過や欠点や、その他のあらゆる種類の悪い方向を見て、わが身をかえりみ、正すことのできるものこそ賢人といわれるに価するものである。

カトー（古代ローマの政治家）

本物がないのに、ニセ物があるはずないではないか。

加藤唐九郎（陶芸家）

妄言言うな、恩を忘れるな、陰日向なく働け。

南条文雄（仏教学者）

なにも考えずに権威をうやまうことは、真実に対する最大の敵である。

アインシュタイン（物理学者）

人間は本当に落ちるところまで落ちると、もはや、他人の不幸を喜ぶ以外の楽しみはなくなってしまう。

ゲーテ（文学者）

人間が自分を自分からばかだと云うのは、自分に対する侮辱だし、また、下らぬ自己逃避だ。

中村真一郎（小説家）

価値観の多様化を認めるというのは、一見自由ですばらしいことのように思えるが、言い換えれば、なんでも正当化できるってこと。

雀部俊毅（心理学者）
『図解　精神病マニュアル』（同文書院）

人生では何かに酔っているべきだ。恋にでも成功にでも、失敗にでも。

映画『カルメン』

人生は、ケチな心配事ばかりしているのには短すぎる。

C・キングスリー（イギリスの作家）

涙がこぼれる程だと譬に云うが、涙が出るくらいなら安心なものだ。涙が出るうちは笑う事も出来るに極ってる。

夏目漱石（作家）
『坑夫』（新潮社）

人間の生活力の強さ！　人間はどんなことにもすぐ慣れる動物である。私はこれこそ人間に対する最上の定義であると思う。

ドストエフスキー（小説家）

昨日の私に負けたくない。

荒川静香（プロフィギュアスケーター）

新しい技術への挑戦というリスクを取らない方がリスクは大きい。この世界では、何もしないことが一番大きなリスクになる。

ラリー・エリソン（実業家）

たくさんの人たちがこの世界の混乱ぶりを歌っているけど、皆いつもそんなことばかり聞きたくはないんじゃないかなと私は思う。

マライア・キャリー（シンガーソングライター）

今の自分に疑問や不安を感じたらそれは、変化しなさいという心の声です。

葉祥明（詩人・絵本作家）

最初からできる人は少数派で、『できる』と言われる人の多くは、できる人に自らを変えていったんだと思います。ただし、その必然性は人それぞれ違うので自分で発見するしかない。

柳井正（ユニクロの社長）

楽天家は、困難の中にチャンスを見出す。悲観論者は、チャンスの中に困難を見る。

チャーチル（イギリスの首相）

誰もがいろんな理由で負けるけれど、負けというのは簡単に癖になるものだ。

ピート・ローズ（メジャーリーガー）

自分の目を曇らせることなく、依存することなく、政治や不況のせいにせず取り組んで欲しい。そうすれば自分のするべきことは必ず見えてくるものです。

鈴木敏文（イトーヨーカ堂会長）

努力する人は希望を語り、
怠ける人は不満を語る。

井上靖（小説家）

小さなことばかり考えていると
人柄も小さくなってしまう。

井植歳男（三洋電機創業者）

あらゆる堕落の中で、
もっとも軽蔑すべきものは、
他人の首にぶらさがることだ

ドストエフスキー（小説家）
『白痴』（新潮社）

自分の人生の責任を転嫁する相手を探すのは
やめなさい。あなたの中の真実を直視し、
自分の誤りを正しなさい。

アイリーン・キャディ（実業家）

忍耐はどんな悩みにも利く名薬である。

プラウトゥス（ローマの劇作家）

人間は自由であり、つねに自分自身の選択によって行動すべきものである。

サルトル（哲学者）

「お前は無理だよ」と言う人の言うことを聞いてはいけない。もし自分で何かを成し遂げたかったら、出来なかった時に他人のせいにしないで自分のせいにしなさい。

マジック・ジョンソン（プロバスケットボール選手）

〝できない〟ではなく、どうすればできるか工夫する。

立石一真（オムロン創業者）

われわれは短い人生を受けているのではなく、われわれがそれを短くしているのである。

セネカ（哲学者）

われわれは前を伺い、あとを顧み、無いものを求めて思いこがれる。

パーシー・ビッシュ・シェリー（イギリスの詩人）

――どうしても周りの目が気になってしまう――

私の経験によれば、
欠点のない者は取柄もほとんどない。

リンカーン（アメリカ大統領）

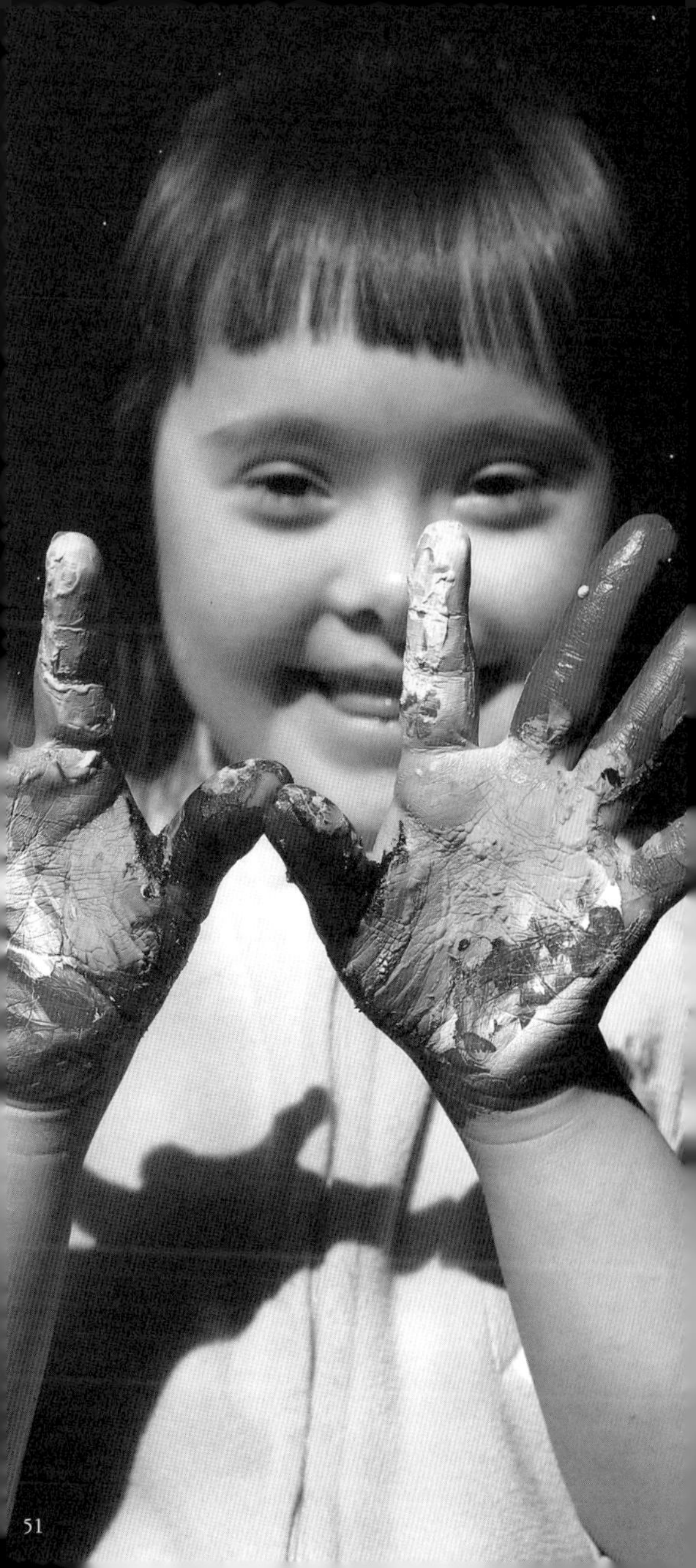

人は一般的に、内容よりも外見で判断する。
内面を判断できる洞察力をもつ者はまれである。

マキャベリ（政治思想家）

知らないという口実は、
決して責任を消滅させるものではない。

ジョン・ラスキン（芸術評論家）

本当に勝つ奴っていうのは、力が強かったり、才能があったり、努力する奴が勝つんじゃなくて、その変わっていく環境に、いち早く順応できる人が勝つ。

石井慧（柔道金メダリスト・総合格闘家）

99人があきれても、
1人が笑うなら俺達の勝ちじゃねぇか。

江頭2：50（お笑い芸人）

嘘つきの受ける罰は、ひとが信じてくれないというだけのことではなく、
ほかの誰をも信じられなくなる、
ということである。

ジョージ・バーナード・ショー（劇作家）

「努力したこと」にこだわると上にいけない。

桜井章一（雀士）
『運に選ばれる人選ばれない人』（講談社）

平常心をもって一切のことをなす人、
これを名人というなり。

柳生宗矩（剣術家）

「目、目を見ず、指、指をささず」誰でも
自分のことはあんがいわからないものである。

ハンス・クリスチャン・アンデルセン（童話作家）

40年間法を執行していく中で、
私が見てきた何千という犯罪者たちには
ひとつの共通点があった。
誰もが嘘つきだった。

エドガー・フーバー（ＦＢＩ長官）

最初はただの物真似でも、
何度も繰り返すうちに
自分の形になっていくものです。

吉田秀彦（柔道金メダリスト・格闘家）

「見抜く価値のあるウソ」と
「見抜いても仕方がないウソ」というのがある。

横田雅俊（営業コンサルタント）

自分の面が曲がっているのに、
鏡を責めて何になろう。

ニコライ・ゴーゴリー（ロシアの小説家）

努力は報われず、正義は滅びる。
だけど、それでも努力するのが美しい人生だ。

秋山仁（数学者）
『オロカ者の定義』（学習研究社）

不潔な工場に善良な職工なし。

ヘンリー・フォード（フォード・モーター創設者）

爪は短く清潔に、手も歯もつねに綺麗に。

ジョージ・ワシントン（アメリカ初代大統領）

人間はすべてを知りえない

ホメロス（ギリシャの詩人）

笑顔は1ドルの元手もいらないが、
100万ドルの価値を生み出してくれる。

デール・カーネギー（実業家）

心を傷つける鎖を断ち切り、
悩みをきっぱりと捨て去った者は、幸福なるかな。

オウィディウス（詩人）

弟子に教えながら学ぶということを知りました。
言い聞かせとは自分自身への
問いかけと勉強です。

春風亭昇太（落語家）

力は知識を隠しておくところからではなく、
分かち合うことから生まれる。
会社の価値観や報奨のシステムも
この考えを反映すべきである。

ビル・ゲイツ（マイクロソフト創業者の一人）

上機嫌は、人が社交界にまとというう
最上の装飾具の一つである。

サッカレー（イギリスの作家）

情報が多ければ判断が楽というものではない。

クラウゼヴィッツ（プロイセンの軍事学者）

噂されるよりもっといやなことが
ひとつだけある。噂もされないことだ。

オスカー・ワイルド（作家）

人は皆、相手が自分の中に見つけるあらを
相手の中に見つける。

ラ・ロシュフコー（文学者）
『ラ・ロシュフコー箴言集』（岩波書店）

学びてしかる後に足らざるを知り、
教えてしかる後に困しむを知る。

鄭玄（後漢時代の学者）
『中国古典一日一言』（PHP研究所）

ゲームに勝つ確実な方法がある。
それは自分のルールでゲームをすることである。

ビル・ジョイ（サン・マイクロシステムズ創業者の一人）

「知は力なり」。とんでもない。きわめて多くの知識を身につけていても、少しも力をもっていない人もあるし、逆に、なけなしの知識しかなくても、最高の威力を揮《ふる》う人もある。

ショーペンハウエル（哲学者）
『知性について』（岩波書店）

自己の弱点を知るは、損失をつぐなう第一歩。

トマス・ア・ケンピス（思想家）

読むことは考えることであり、
知識は忘れたころに知恵となる。

松原治（紀伊国屋書店会長兼ＣＥＯ）

後姿が立派な野郎なんてものは
間違った野郎なのかもしれない。

徳川夢声（漫談家）

人間（自分）よりも優れた力が
存在することを認めても、
決して人間（自分）の価値が
低くなるわけではありません。

エズラ・タフト・ベンソン（教会指導者）

自分を知るためには
他人を知らなければならない。

ルートヴィヒ・ベルネ（ドイツ作家）

僕もこうして人間に生まれてきたんだから、
やはり何か生きがいが感じられるまで
生きている義務がある。

リンカーン（アメリカ大統領）

雑草とは何か？
それは美点がまだ発見されていない植物である。

ラルフ・ワルド・エマーソン（アメリカの思想家）

苦しい時には自分よりもっと
不幸な男がいたことを考えよ。

ゴーギャン（画家）

わたしたちが不安を抱いていることの99％は、現実には起こらないのです。

デビッド・B・ヘイト（宗教家）

発明はすべて、苦しまぎれの智恵だ。
アイデアは、苦しんでいる人のみに
与えられている特典である。

本田宗一郎（本田技研工業創業者）

人間にとって、苦悩に負けることは恥ではない。
快楽に負けることこそ恥である。

パスカル（数学者・哲学者）

人生には、加えるものはあっても、
引くものは何一つありえない。

セネカ（哲学者）
『人生の短さについて』（岩波書店）

一人立っているとき強い者は、真の勇者である。

フリードリヒ・フォン・シラー（ドイツの詩人）

強い人間は自分の運命を嘆かない。

ショーペンハウエル（哲学者）

あるものを正しく判断するためには、
それを愛した後、いくらか離れることが必要だ。

アンドレ・ジッド（小説家）

人はひとりであるときがいちばん強い。

吉田絃二郎（小説家）
『明治大正文学全集第39巻　青い毒薬』（春陽堂）

正解を求めて上手くやろうと思わない。

板倉雄一郎（実業家）

青年は未来があるというだけでも
幸福である。

ニコライ・ゴーゴリー（ロシアの小説家）
『死せる魂』（岩波書店）

一般にわれわれは、
人の怒りを買おうとしてよりも、
人に恩を売ろうとして、
いっそう多くの罪を犯すのである。

タキトゥス（歴史家）

あなたは弱さから逃げることはできない。

スティーブンソン（スコットランドの小説家）

苦しみの報酬は経験なり。

アイスキュロス（悲劇詩人）

いちど本音を吐いてしまえば
人間案外肝が据わる。

山本周五郎（小説家）
『夜明けの辻』（新潮社）

リーダーとは「希望を配る人」のことだ。

ナポレオン（フランス皇帝）

ある私的な意見を是認する人びとは、
それを意見〔世論〕とよぶのに、
それをこのまない人びとは、異端とよぶ。

ホッブズ（思想家）
『リヴァイアサン』（岩波書店）

銀行は天気のいい時に傘を使えとすすめるが、
雨が降りだすと、傘の返却を求める。

西洋のことわざ

「悩み」や「病」は、
自分の人生に対する警告信号なのだ。

上田紀行（文化人類学者）

何よりも大切なのは
自分が何を言いたいか知ること。
次に誰にそれを言いたいのか決めることだ。

ハロルド・ニコルソン（イギリスの外交官・作家）

正統と主張し、大義名分をうたい文句にしても、
それだけでは人々はついてこない。

安藤英男（小説家）

君たちは命令を発する立場になる。
だから従うことを学びなさい。

ブラジルの陸軍士官学校の外壁の言葉

すぐれた指導者に共通しているのは、
姿勢が良いこと、目が生き生きしていること、
そして常に好奇心を持っていることだ。

後藤清一（実業家）

いつも自分を磨いておこう。
あなたは世界を見るための窓なのだ。

ジョージ・バーナード・ショー（劇作家）

誰でも才能は持っている。
稀なのは才能があなたを導いて行く
暗闇へとついていく勇気である。

エリカ・ヨング（アメリカの作家）

私が学んだ教訓は、的を絞ることです。一つか二つのものを取り上げたらそれに全てをかけ、必ず成功するようにあらゆる手を打つのです。他のことに気をそらしたりはしません。

ミチェル・ケイパー（実業家）

遅れは危険を引いて来る。

古代ローマのことわざ

小さなことだからといって、
正しい行いを見逃してはならない。
一滴の水が、最後には器を満たすこともある。

ソギャル・リンポチェ（チベット仏教の師）

英雄は自分のできることをした人だ。
一方凡人は、自分にできることをしようとせず、
できもしないことをしようとする人だ。

ロマン・ロラン（作家）
『魅せられたる魂』（岩波書店）

自分に命令しないものは、
いつになっても、しもべにとどまる。

ゲーテ（文学者）

聞くことを多くし、語ることを少なくし、
行うことに力を注ぐべし。

成瀬仁蔵（教育者）

飢えは最良の料理人である。ただそれに欠けて
いるのは、ほかのものを料理するようにおいし
く己れ自身をも料理する術である。

ローガウ（ドイツの詩人）

武力によって敵を制する者は、
その半ばを制するにすぎない。

ミルトン（詩人）
『失楽園』（岩波書店）

地道な行動が最大の自己アピールになる

樋口廣太郎（アサヒビール会長）

勝負の世界に、実績は無言の説得力です。

吉田義男（プロ野球選手）

自分が信じぬことは言わず、
知った以上は必ず行うという念が強くなれば、
自然に言語は寡黙になり、
行為は敏捷になるものである！

渋沢栄一（実業家）
『巨人渋沢栄一の富を築く100の教え』（講談社）

決意はおそくとも、実行は神速なれ。

ドライデン（イギリスの詩人）

私達に偉大なことはできません。偉大な愛で小さなことをするだけです。

マザー・テレサ（修道女）

何があったとしても命を奪われずにすんだのなら、
その出来事は人をより強くするだけだ。

デイヴ・ペルザー（アメリカの作家）

自分を戒める言葉

ビジネスにおける最悪のミスは、
うまくいかない時ではなく、
うまくいっている時になされる。

トーマス・J・ワトソン（IBM初代社長）

人には口が一つなのに、
耳が二つあるのはなぜか。
それは自分が話す倍
他人の話を聞かなければならないからだ。

ユダヤの格言

何を笑うかによって、その人柄がわかる。

マルセル・パニョル（小説家）
『笑いについて』（岩波書店）

総じて人は己に克つを以って成り、
自ら愛するを以って敗るるぞ。

西郷隆盛（薩摩藩士）

幸福には翼がある。
つないでおくことはむずかしい。

フリードリヒ・フォン・シラー（ドイツの詩人）
『メッシーナの花嫁』（岩波書店）

勝ち得た名誉は勝ち得るべき名誉の担保である。

ラ・ロシュフコー（文学者）
『ラ・ロシュフコー箴言集』（岩波書店）

最後のパットが決まるまで
なにが起きても不思議はない。

ゲーリー・プレイヤー（プロゴルファー）
『ゴルフから学んだ誇りある生き方』（青春出版社）

「誇りは命を縮めるぞ」「自信過剰もな」

映画『誇り高き男』

逆境に悲観せず。順境に慢心せず。

吉野幸則（実業家）

もうひとつ失敗した原因を挙げるとすれば、調子に乗っちゃったことです。

板倉雄一郎（実業家）

完璧だと思っても、もう一押しすれば、おまけが手に入る。

トーマス・エジソン（発明家）

最も大きな危険は勝利の瞬間にある

ナポレオン（フランス皇帝）

何事でも、他の誰かに起こっているうちは、面白く見えるものです。

ウィル・ロジャーズ（コメディアン・俳優）

栄い衰いや夏とぅ冬心
（さかいうとぅるいやなちとぅふゆぐくる）
（意味）季節が夏から冬へと変わっていくように栄えることがあれば衰えることもある

沖縄のことわざ

一度でも心から全身全霊をもって
笑ったことのある人間は、
救いがたいほどの悪人にはなれない。

トーマス・カーライル（歴史家・批評家）

もっとも長い旅路は、
自分の心に向かう旅路である。

ダグ・ハマーショルド（スウェーデンの経済学者）

人間は地位が高くなるほど、
足もとが滑りやすくなる。

タキトゥス（歴史家）
『年代記』（岩波書店）

人と人の距離を最も縮めてくれるのが、
笑いである。

ヴィクトル・ボルゲ（ユーモニスト・ピアニスト）

自分が上り調子のとき、
人には親切にすることだ。
下りのときに同じ人とすれ違うのだから。

ウィルソン・ミズナー（劇作家）

育てるということは
「調子に乗らせて」いやがうえにも、意欲を高め、
それによって能力を増大することです。

西堀栄三郎（南極観測隊隊長）

驕《おご》れる者久しからず

『平家物語』

手軽なことだ、災難を身に受けない者が、ひどい目にあってる者らに、あれこれと忠告するのは。

アイスキュロス（悲劇詩人）
『縛られたプロメーテウス』（岩波書店）

自分の苦しみにたいして無感覚になっていれば、他人の苦しみにたいしても無感覚になりがちである。

M・スコット・ペック（精神科医）
『平気でうそをつく人たち』（草思社）

固く握り締めた拳とは手をつなげない。

マハトマ・ガンジー（独立運動家）

一人の人間に可能なことは、万人に可能である。

マハトマ・ガンジー（独立運動家）

あまり多く果実をつくるの枝は折る。

徳冨蘆花（小説家）
『自然と人生』（岩波書店）

戦の勝利は最後の五分間にある。

ナポレオン（フランス皇帝）

完全であること自体が、不完全なのだ。
ウラディミール・ポロビッチ（アメリカのピアニスト）

心に奢ある時は人をあなどる。
奢なき時は人を敬う。
手島堵庵（江戸時代の心学者）

好調のときこそ次の準備をせよ。
佐伯旭（シャープ2代目社長）

現在はその一部が将来、他が過去である。
クリュシッポス（ギリシャの哲学者）

第3章

成功をたぐり寄せる言葉

世の中には
福も災いもない。
ただ考え方で
どうにでもなるものだ。

シェイクスピア（劇作家）

下足番を命じられたら、
日本一の下足番になってみろ。
そうしたら誰もきみを
下足番にしておかぬ。

小林一三（阪急グループ創業者）

とにかくやってみろ。
やってみてから文句を言え。
やりもしないで本から読んだり、
人から聞いて、
そうなりますと、
わかったような事を言うな。

小林大祐（富士通社長）

一夜にして成功するには
二十年かかる。

エディ・カンター（コメディアン）

偉大なことを成し遂げる人は、
常に大胆な冒険者である。

モンテスキュー（哲学者）

仕事には節というものがある。仕事の節は一日ごとにつけていきたい。
朝職場に入った時に、今日やるべき仕事がもうちゃんと決まっている。
それを全部果たすことによって今日の仕事が終わる。
仕事を中途半端に残して家路につくいやな気持ちは、
誰しも心覚えがあるはずだ。

土光敏夫（実業家）

会社を辞めたくなったら

傍観者ではダメである。
どんな仕事でも、
当事者になることが肝心である。

藤田田（日本マクドナルド創業者）

失敗の最たるものは、
何一つそれを自覚しないことである。

トーマス・カーライル（歴史家・批評家）
『英雄崇拝論』（岩波書店）

ぼくがこれまでどうやってきたかは
教えられるけど、貴方がこれからどうするかは
じぶんでかんがえなきゃね。

ジョン・レノン（ミュージシャン）
ジョン・レノンからのメッセージ（ジョン・レノン・ミュージアム）

目的を見つけよ。手段はついてくる。

マハトマ・ガンジー（独立運動家）

仕事は自分で見つけるべきものだ。
また職業は自分でこしらえるべきものだ。
その心がけさえあれば、
仕事、職業は無限にある。

豊田佐吉（発明家・実業家）

給料をもらって働くか、
働いてから給料をもらうか。

松井道夫（実業家）

世に卑しい職業はなく、
ただ卑しい人があるのみである。

リンカーン（アメリカ大統領）

責任を持って行動することほど、
判断力と意識を鋭くさせるものはない。

エリザベス・スタントン（アメリカの女性活動家）

成功の秘訣を問うな。
なすべきひとつひとつに全力をつくせ。

ワナメーカー（実業家）

過まって改めざる、是を過まちと謂う。

孔子（思想家）

仕事は仲間をつくる。

ゲーテ（文学者）

仕事は高貴なる心の栄養なり。

セネカ（哲学者）
『書簡集』（岩波書店）

意思あるところに道は開ける

西洋の格言

幸運は、大胆な人たちに笑いかける。

ヒポクラテス（ギリシャの医者）

しなくちゃいけない仕事には、
何か楽しめる要素があるもの。

映画『メリー・ポピンズ』

一般に日本人は肩書きを尊びますが、
実はこれほど有害なものはありません。
自分自身を見つめることを妨げるからです。

宮沢次郎（トッパン・ムーア会長）

私にとって、仕事は単なる習慣とか経済上の問題ではありません。危険と刺激に満ちた、豊かで果てしのない冒険なのです。自分にぴったりの仕事、満足のできる仕事をする幸運に恵まれれば、人生の何たるかも理解できるようになります。

ルチアーノ・ベネトン（実業家）

自分の体質にあったことをやれば、
成功なんてそんなに難しくない。

安田隆生（ドンキホーテ創業者）

どのような世になっても、
「どうにもうまく片づけられないこと」
が人間にはある。

ダニエル・キイス（作家）
『24人のビリー・ミリガン』（早川書房）

有意義な仕事をしているという自覚のある
労働者が造った製品は、必然的に高品質となる。

ジレンハマー（実業家）

あせることは何の役にも立たない。
後悔はなおさら役に立たない。
前者はあやまちを増し、
後者は新しい後悔を作る。

ゲーテ（文学者）
『格言集』（新潮社）

各自の天性に最も適合した職業に従事し、
死期に臨んで少しの遺憾もない活動をなせ。

シドニー・スミス（作家・聖職者）

出る月を待つべし。散る花を追うことなかれ。

中根東里（儒者）

「休みをとりたいなぁ」と思ったら、
その仕事はあなたに合っていない。
理想的な仕事とは、
仕事と休みの区別がつかないようなものである。

ドナルド・トランプ（アメリカ大統領・実業家）

学問は興味から、もしくは
好奇心からはいったものがもっとも根強い。

柳田国男（民俗学者）

いまやっていることが楽しくてしかたない。
仕事という意識は全くない。

ジェリー・ヤン（Yahoo! 創業者の一人）

面白がってやっているヤツと、
苦労してやっているヤツと、どっちが勝つかな。
やっぱりさ、面白がってやっているヤツには
かなわないんだよ。

青島幸男（タレント）

仕事をする時は上機嫌でやれ。
そうすれば仕事もはかどるし、身体も疲れない。

ワーグナー（作曲家）

私には特殊な才能はありません。
ただ、熱狂的な好奇心があるだけです。

アインシュタイン（物理学者）

あらゆる物事に関心を持ち、
あらゆることに感動し、
そして感謝を忘れないことが
人生を楽しむためには大事だと思っています。

北原照久（おもちゃの博物館の館長）
ニュースサイト『あらたにす』

真の音楽家とは音楽を楽しむ人であり、
真の政治家とは政治を楽しむ人である。

アリストテレス（哲学者）

組織を改善する方法は2つ。抗議と退出だ。

アルバート・ハーシュマン（ドイツ生まれの政治経済学者）

苦労はトレーニングなのだ。
筋肉痛を伴わないトレーニングなどありえない。
それを楽しむ工夫を見出せばいいだけなのだ。

高島郁夫（株式会社バルス社長）

人は学ぶためには、食わねばならない。
しかし、食うために学んではならない

高野長英（蘭学者）

決定をあせってはならない。
ひと晩眠ればよい知恵が出るものだ。

プーシキン（ロシアの詩人）

およそ主人たる者、一年使ひ見て、役に立たぬ
時は暇を遣はし、家来としては、三年勤めて悪
ししと知らば、暇を取ること、法なり

豊臣秀吉（戦国武将）

みずから愉しむことのできない人々は
しばしば他人を恨む

イソップ（寓話作家）
『イソップ寓話集』（岩波書店）

「職業の変更が最大の休息だ」と最大の政治家の
ひとりが言った。

ドイル（作家）

「スカ」や「何もない」時代などありえない。
もしもそう見えるのなら、
そこにはきっとなんらかの偽装がある。
何かが隠されている。
何かが何かの陰で息を凝らしている。
じっと潜んでいる。

森達也（映画監督）
『マジョガリガリ』（TOKYO FM出版）

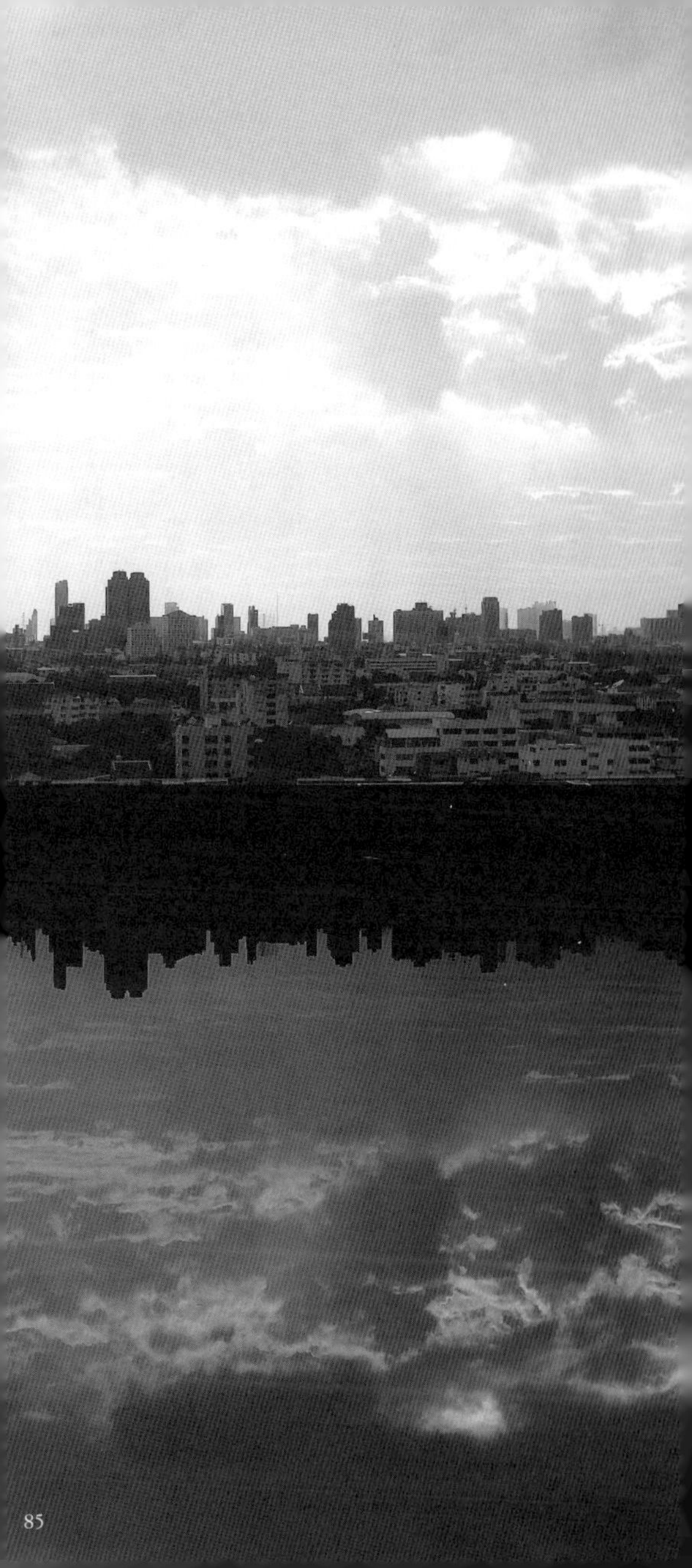

すぐ、わかりましたという人間に、
わかったためしはない。

小早川隆景（戦国武将）

全て自分の事だと思って全力を尽くす。
自分の事と思えば、どんな辛い事でも、
我慢できる。

青井忠治（実業家）

キュウリを植えれば
キュウリと別のものが収穫できると思うな。
人は自分の植えたものを収穫するのである。

二宮尊徳（農政家・思想家）

練習で限界を超えた自分を知っておかなければ、
本番では勝てない。

古賀稔彦（柔道金メダリスト）

私に取り柄があるとすれば、
ただエンジンが好きで好きでたまらず
それに没頭できたことだ。

山岡孫吉（ヤンマーディーゼル創業者）

専門家というものは全体の関係は見ていない。
専門家の知識は使うべし。
それに呑まれてはいかん。

正力松太郎（実業家）

信用とは人に好かれること、
約束を守ること、人を儲けさせること。

本田宗一郎（本田技研工業創業者）

私は天才ではない。
ただ、なかには得意なこともある。
私はなるべくその得意な分野を
離れないようにしてきたのだ。

トーマス・J・ワトソン（IBM初代社長）

成功はすてきな絵具で、すべての醜さを隠す。

サックリング（詩人）
『ブレンノナルトの悲劇』

親のコネは親が死んでしまえば終わりだけれど、
自分で作ったコネは一生自分のもの。
自分自身の人間関係を
大切にする姿勢は大事です。

樋口恵子（評論家）

ビジネス社会で最後にものをいうのは
人柄の良さだ。
たいていの評価は人柄の善し悪しが決定する。

諸橋晋六（実業家）

千里の行も足下から始まる

老子（中国の思想家）

私が自分だけのために働いているときには、自分だけしか私のために働かなかった。しかし、私が人のために働くようになってからは、人も私のために働いてくれたのだ。

フランクリン・ルーズベルト（アメリカ大統領）

成功の鍵は、
まだ誰にも見つかっていないものを探すことだ。

アリストテレス・オナシス（20世紀最大の海運王）

道具を大切にするものは将棋も上達する

大山康晴（棋士）
『平凡は妙手にまさる 大山康晴名言集』（佼成出版社）

自分より偉い人はみんな利用しなければだめだ。
自分より偉い人を思うままに
働かせることが事業成功の秘訣だ。

五島慶太（東急グループ創業者）

世の中で成功を収めるには、
馬鹿のように見せかけ、
利口に活動することである。

モンテスキュー（哲学者）

私はチャンス到来に備えて学び、
いつでもすぐ仕事にかかれる態度を整えている。

リンカーン（アメリカ大統領）

報告・連絡・相談、つまり「ホウレンソウ」がしっかりできている会社は強い。

山崎富治（実業家）

新入社員にオリジナリティはない。
〝謙虚〟の一語を叩き込み、
〝この人だ〟と思う人のコピーをするがいい。

嵐山光三郎（編集者）

最高の才覚は
事物の価値をよく知るところにある。

ラ・ロシュフコー（文学者）
『ラ・ロシュフコー箴言集』（岩波書店）

ものごとはすべて大きく考えること。
おじけづいていては成功しない。

五島慶太（東急グループ創業者）

人間はな、人生というトイシで、ごしごしこすられなくちゃ、光るようにはならないんだ。

山本有三（小説家）
『路傍の石』（新潮文庫）

下手は上手の下地なり。
下手よりだんだん上手になるなり。

寒川正親（江戸時代の学者）

会社の仕事も忙しいでしょうが、
できるだけ社外の仕事に参加しなさい。
協力しなさい。そこで社会の原理を学ぶのです。

福原義春（資生堂名誉会長）
『私は変わった 変わるように努力したのだ』（求龍堂）

嫌なことでも、まずやってしまう。そうしないと、
あなたは決して先に進めないのである。

青木仁志（コンサルタント）

チャンスに出会わない人間は一人もいない。
それをチャンスにできなかっただけである。

アンドリュー・カーネギー（アメリカの実業家）

観察力の優劣は、人間に大きな差をつける。ロ
シアのことわざにあるように、注意力の散漫な
人間は、「森を歩いても薪を見つけられない」の
である。

サミュエル・スマイルズ（作家）

無理が通れば道理が引っ込む

日本のことわざ

1試合にわたって集中力を維持するためには、
適度にリラックスすることが
絶対に必要だと思う。

ジミー・コナーズ（プロテニスプレーヤー）

すべての成功、すべての巨富は、
まずアイデアから始まる。

アンドリュー・カーネギー（アメリカの実業家）

メモこそ命の恩人だ

トーマス・エジソン（発明家）

すぐ役立つ人間は、すぐ役立たなくなる。

藤原銀次郎（実業家）

想像力は、知識よりも大切だ。
知識には限界がある。想像力は、世界を包み込む。

アインシュタイン（物理学者）

世の中で成功を収めるには、ひとから愛される徳と、ひとを怖れさせる欠点とが必要であろう。

ジョセフ・ジューベル（フランスの哲学者）

要望と現実をすりかえてはならない。無いものはあくまで無いのだし、欠けているものはあくまで欠けているのだ。率直に先ずそれを凝視することから始めるべきだ。

林達夫（思想家）
『林達夫評論集』（岩波書店）

大きなミスをしてしまったら

失敗を気にしていては革新はできない。
打率三割といえば強打者と呼ばれるが、
それはつまるところ、十回のうち七回までは
失敗だったということだ。

アルフレッド・スローン（ゼネラルモーターズの社長）

82
82

若い頃、私は10回に9回は
失敗することに気がついた。
だから、10倍働いた。

ジョージ・バーナード・ショー（劇作家）

たとえ負けても、次があるならば、
そこに可能性を求めたい。
許される限り、前へ進んでいきたい。

安藤忠雄（建築家）
『連戦連敗』（東京大学出版会）

悪い知らせは、早く知らされなければならない。

ビル・ゲイツ（マイクロソフト創業者の一人）

何事も経験してみるまでわからない。
諺も、人生で経験してみるまでは諺にならない。

ジョン・キーツ（詩人）

壁がつくられた訳を知るまで、
壊してしまうべきではない。

ギルバート・ケイス・チェスタトン（作家・批評家）

現場で考え、現場で研究せよ。

豊田喜一郎（トヨタ自動車工業創業者）

転んだときはいつも何か拾え。

オズワルド・アベリー（アメリカの医師）

過去は過去として葬らしめよ。

志賀直哉（小説家）
『暗夜行路』（新潮社）

悲しみにしろ喜びにしろ、
それに心をおどらせたことのない人は、
けっしてまともな人間とはいえないだろう。

セルマ・ラーゲルレーヴ（女流作家）
『ポルトガリヤの皇帝さん』（岩波書店）

勝つは負ける日の初め、
負けるはやがて勝つ日の初め。

吉川英治（小説家）
『新・平家物語』（講談社）

正しいあいさつは、いい仕事への第一歩。

宇津木妙子（ソフトボール女子日本代表監督）

一生懸命やって勝つことの次にいいことは、
一生懸命やって負けることなんだわ。

L・M・モンゴメリー（作家）
『赤毛のアン』（講談社）

人は転ぶと、坂のせいにする。
坂がなければ、石のせいにする。
石がなければ、靴のせいにする。
人は、なかなか自分のせいにしない。

ユダヤの格言

青年の辞書のなかには、
失敗という言葉はない。

エドワード・ブルワー・リットン（イギリスの小説家）

金の苦労を知らない人は、
その人柄がいかに良くても、
どこか食い足りぬところがある。
人の苦しみの察しがつかぬからである。

森信三（哲学者）
『心魂にひびく言葉』（致知出版社）

成功は結果であって目的ではない。

フローベール（小説家）

人生を恐れてはいけない。人生に必要なのは、
勇気と想像力。それとほんの少しのお金だ。

チャップリン（映画監督）
映画『ライムライト』

どんなに不幸な出来事でも、賢人はそこから
自分の利になることを引き出す。
しかし、どんな幸運な出来事でも、
愚者はそこから禍を引き出す。

ラ・ロシュフコー（文学者）

つまずきが落下を防いでくれているのでしょう。

イギリスのことわざ

石橋を叩いて安全を確認してから決心しようと思ったら、おそらく永久に石橋は渡れまい。やると決めて、どうしたらできるかを調査せよ。

西堀栄三郎（南極観測隊隊長）

失敗とは、よりよい方法で再挑戦するいい機会である。

ヘンリー・フォード（フォード・モーター創設者）

私は失敗を受け入れることが出来る。しかし、挑戦しないことだけは受け入れられないのだ。

マイケル・ジョーダン（バスケットボール選手）

初めての問題など存在しない。

イーサン・M・ラジエル（コンサルタント）
『マッキンゼー式世界最強の仕事術』（英治出版）

度を越すと、すべてのものは悪となる

フランスのことわざ

自分自身を裏切らないような戦いを目標にするだけ。

野村忠宏（柔道金メダリスト）

人の危うきに乗ずるは、上杉兵法に非ず。

上杉景勝（戦国武将）
『日本補佐役列伝』（学陽書房）

自分より賢い者に負ける方が、
自分より愚かな者に勝つよりも得である。

ユダヤの格言

「負けました」といって頭を下げるのが正しい投了の仕方。辛い瞬間です。でも「負けました」とはっきり言える人はプロでも強くなる。これをいい加減にしている人は上に行けません。

谷川浩司（棋士）

どんな学者も間違える。
どんな純血馬もつまずく

アラブの格言

涙の出ない仕事をするな。
それが嬉し涙でも、悔し涙でも。

森本泰輔（音楽プロデューサー）

失敗と不可能は違う。

スーザン・B・アンソニー（活動家）

ばかげたことも度をすぎたばあいには、そのまちがいを道理でたたこうとするのは、おとなげないやりかた。興奮しないで、もっとばかげたことを言うほうが手っ取りばやい。

ラ・フォンテーヌ（フランスの詩人）
『寓話』（岩波書店）

必要なのは勇気ではなく覚悟。決めてしまえば
全て動き始める。

高橋歩（作家）
『人生の地図』（A-Works）

腕が間違いをしでかしたときには、
頭のせいにする。

ピエール・コルネイユ（劇作家）

勇気とは、恐ろしくて
半分死にそうになっている時でさえ、
その場に必要な行動が取れる能力である。

オーマー・ブラッドリー（アメリカの軍人）

「keep it simple」仕事を複雑にしてはダメ。
できるだけ簡単に進められるようにして、
余計な手間を減らそう。

クリスティン・エドマン（H&M日本法人社長）

いいアイデアが浮かばないとき

ものを考えるという作業は、人間なら誰もが一応のことはやっている。そこに凡人と非凡な思考力の持ち主との差ができるのは、もうこれ以上考えても何も出て来ないというところで、とどまってしまうか突破するかというそれだけの違いのためである。

堀紘一（経営コンサルタント）

ばかげたアイデアでも紙に書いてみよ、
そうすればすばらしいアイデアが生まれてくる。

アレックス・オズボーン（アイデア創出研究家）

最初のひらめきが良くなければ、
いくら努力してもダメだ。
ただ努力だけという人は
エネルギーを無駄にしているにすぎない。

トーマス・エジソン（発明家）

教わって覚えたものは浅いけれど、
自分で苦しんで考えたことは深いんですよ。

早川徳次（シャープ創業者）

100のムダで役に立たないことが、
1つのヒットを生み出す。

安達元一（放送作家）
『視聴率200％男』（光文社）

少なくとも一度は人に笑われるようなアイデア
でなければ独創的な発想とは言えない。

ビル・ゲイツ（マイクロソフト創業者の一人）

いいアイデアがひらめく瞬間というのは
決まっていて、死ぬ気で考えても答えが出ず、
「もうダメだ」と弛緩したときなんです。

西成活裕（数理物理学者）

朝から晩までしかつめらしく張り切っている経営者によいアイデアが生まれず、かえって心や生活に余裕をもっている経営者のほうが素晴らしい着想を得る。

有田一寿（クラウンレコード会長）

みんなが賛成するのは危険だ。
それは新しくない。
みんなが反対するから新しいのだ。

清水達夫（編集者）

試してみることに失敗はない。

デイル・ドーテン（実業家）

人間のもっとも偉大な力とは、
そのひとのいちばんの弱点を
克服したところから生まれてくるものである。

デイヴィッド・レターマン（コメディアン）

鉄が使用せずして錆び、
水がくさりまたは寒中に凍るように、
才能も用いずしてはそこなわれる。

レオナルド・ダ・ヴィンチ（芸術家）
『レオナルド・ダ・ヴィンチの手記』（岩波書店）

迷わんよりは問え

日本のことわざ

一流のシェフは最高の料理をつくるために
最良の食材を集めようとする。
しかし、超一流のシェフは
今ある食材で最高の料理をつくってみせる。

フランスの格言

難問は分割せよ。

デカルト（哲学者）
『方法叙説』（白水社）

新しいアイデアというのは、
新しい場所に置かれた古いアイデアなんだ。

デイル・ドーテン（実業家）

多くの者は考えることをしたくないので、
逃れるために本を読む

ユダヤの格言

一般に思いつきというものは、
人が精出して仕事をしているときにかぎって
あらわれる。

マックス・ウェーバー（哲学者）
『職業としての学問』（岩波書店）

革新を行うのにあまりに困難な場合には、
革新が必要でないという証拠である。

ヴォーヴナルグ（モラリスト）

大事なことは、自分に与えられた条件の中でベストを尽くすこと。自分なりの楽しみをどう見つけ出していくか。その「過程」にこそ意味があり面白みもある。

太田哲也（モータージャーナリスト）
『クラッシュ　絶望を希望に変える瞬間』（幻冬舎）

成功するにはどうするか？　これは極めて簡単なんです。自分の仕事の創意工夫をすること、今日よりは明日、明日よりはあさってというように、三百六十五日続けていくことです。

稲盛和夫（第二電電創業者）

経験はプラスにもなるが、マイナスになることもあるのだ。

谷川浩司（棋士）
『集中力』（角川書店）

教訓はどこにでも転がっているさ。あなたが見つけようとさえすれば。

ルイス・キャロル（童話作家）
『不思議の国のアリス』（新潮社）

あなたの世界を変えることができる唯一の方法は、あなたの考え方を変えることだ。

ポール・J・マイヤー（実業家）

意味が見つからないから
良き人生を送れないのではなく、
良き人生を送れないからこそ意味にすがるのだ。

ニーチェ（哲学者）

間違いとは現実には存在しないのに、
問題点があると思い込むこと。

ウエイン・W・ダイアー（心理学者）
『自分のまわりに不思議な奇跡がたくさん起こる！』（三笠書房）

発見とは、万人の目に触れる物を見て、
誰も考えなかったことを考えることである。

セント・ジェルジ・アルベルト（生化学者）

思考と知識はつねに歩みを
いっしょにすべきである。さもなければ、
知識は死物で不毛のままに死滅する。

フンボルト（ドイツの政治家）

あなたに最も役立つ本は、
あなたを最も考えさせる本である。

ロバート・パーカー（作家）

どこへ行きたいのかわからなければ、
目的地に着いても気づかない。

レスリー・A・ヤークス（コンサルタント）
『ビーンズ！』（ランダムハウス講談社）

もし、私が人より遠くを見ているとしたら、それは、先人の肩の上に立っているからだ。

アイザック・ニュートン（科学者）

オーナー企業家に天才的なひらめきがあるというのは、神話にすぎない。私は40年にわたってオーナー企業家たちと仕事をしてきた。天才的なひらめきをあてにするオーナー企業家は、ひらめきのように消えていった。

P・F・ドラッカー（経営学者）

まず疑う、次に探究する、そして発見する。

ヘンリー・バックル（イギリスの歴史学者）

会議室に閉じ込められて同じ情報とうんうんにらめっこするよりは、外に出て他の刺激に触れたほうが、今目の前にある情報を編んでいくヒントが見つかることが多いのです。

嶋浩一郎（博報堂ケトル共同CEO）

自分で薪を割れ、二重に温まる。

ヘンリー・フォード（フォード・モーター創設者）

重要な仕事を任されたあなたへ

一度とりかかったら途中でやめない。
どんな状況下でもチャンスはある。
必ず成功すると信じてやり抜くこと。

森泰吉郎（森ビルの創業者）

決断は実のところそんなに難しいことではない。
難しいのはその前の熟慮である。

徳川家康（江戸幕府初代将軍）

成功にトリックはない。
わたしは与えられた仕事に、
全力をつくしただけだ。

アンドリュー・カーネギー（アメリカの実業家）

大事をなさんと欲せば、
小なる事をおこたらず勤むべし、
小積りて大となればなり。

二宮尊徳（農政家・思想家）

明確な目標を定めたあとは執念だ。
ひらめきも執念から生まれる。

安藤百福（実業家）

一人一人が自分の仕事をきちっとこなすこと。
この個人プレーの連携が、
真のチームプレーなのだ。

松尾雄治（ラグビー選手）

一日練習を休むと自分でわかる。
二日休むと批評家にわかる。
三日休むと聴衆にわかってしまう。

イグナーチ・パデレフスキー（ピアニスト）

勇気と力だけがあっても、
慎重さを欠いていたら、
それは無に等しいということを
忘れないでいて欲しい。

エドワード・ウィンパー（登山家）
『アルプス登攀記』（岩波書店）

組織はリーダーの力量以上には伸びない。

野村克也（プロ野球監督）
『野村ノート』（小学館）

冷静な頭脳と温かい心情。

アルフレッド・マーシャル（イギリスの経済学者）

民衆を支配する為には大義の仮面を用いなければならぬ。しかし一度用ひたが最後、大義の仮面は永久に脱することを得ないものである。

芥川龍之介（作家）

ひとつ拾えばひとつだけきれいになる。

鍵山秀三郎（実業家）
『凡事徹底』（致知出版社）

最も良い説得方法の一つは、
相手に気に入られることである。

フランソワ・ド・カリエール（フランスの外交官）
『外交談判法』（岩波書店）

私の歩みは遅いが、
歩んだ道を引き返すことはない。

リンカーン（アメリカの大統領）

私は空手の稽古から同じ事を繰り返すことへの重要性を学んだ。やっていることは同じでもこちらが変わっていくのである。

平川克実（実業家）

敵の非難があまり当てにならないのと同様、
味方の讃美もあまり過信してはいけない。

ピエール・アベラール（フランスの哲学者）

勝利をつかむその日まで、一歩ずつ、
着実に進んでいきます。

ネルソン・マンデラ（政治家）

最初のステップは、まず始めることです。
次のステップは、続けることです。

H・デビッド・バートン

僕はいつでも最高を追い求めて頑張ってきた。
サイクリングが教えてくれたんだよ。
労せずに手にしたものには、
満足感が伴わないってね。

グレッグ・レモン（自転車プロロードレース選手）

才能があるということは長所ではない、責任なのだ。

アダム・カヘン（シナリオプランニングの権威）
『未来を変えるためにほんとうに必要なこと』（英治出版）

戦術は、自分たちで決めるものではなく、相手に対して作るもの。……相手がどうくるかによって、戦術を変えている。

オシム（サッカー指導者）

上手なあいづちは、人の心の真実を汲み出す誘い水である。

吉川英治（小説家）

上が曲がれば下もゆがむ

中国のことわざ

正直は最良の政策

セルバンテス（スペインの作家）
『ドン・キホーテ』

原則にしがみつくのは、それを実地に試してみない間だけのことです。いったん試してみれば、人はそんなものは農夫がスリッパを投げ出すように捨てて、生まれたままの素足の走り心地を喜ぶのです。

ビスマルク（ドイツ帝国初代宰相）

大変な仕事だと思っても、
まずとりかかってみなさい。仕事に手をつけた、
それで半分の仕事は終わってしまったのです。

アウソニウス（ローマの詩人）

人は教える立場につくことによって、
初めて自覚的・自発的・自主的になる。

土光敏夫（実業家）

最後の一歩というのが実はそれまでの
千万歩より幾層倍むつかしいという場合が
何事によらずしばしばある。

寺田寅彦（物理学者・随筆家）

まず仲間をつくること。次にその団結を固める
こと。そして一人一人がどの役割を担い、どう
実行するかを理解すること。あとはいい仕事が
出来るよう前進あるのみである。

ジョン・メージャー（イギリスの首相）

仕事の真の本質は集中されたエネルギーである。

バジョット（イギリスの経済学者）

一日に千里の道を行くよりも、
十日に千里いくぞ楽しき

大町桂月（詩人）

第4章

人間関係に悩むあなたを救う言葉

われわれは好んで
他人が完全であることを
求めはするが、
自分自身の欠点を正そうとしない。

トマス・ア・ケンピス（思想家）
『基督のまねび』（春秋社）

ナニ、誰を味方にしようなどと
いふから、間違うのだ。
みンな敵がいゝ。
敵がないと、事が出来ぬ。

勝海舟（幕臣）

出る杭は打たれるが、
出すぎた杭は誰も打てない。
出ない杭、
出ようとしない杭は、
居心地は良いが、
そのうちに腐る。

堀場雅夫（実業家）

いちいち、『うそ』や『まちがい』を
ほじくりだして、
無視できないひとがいるが、
成功のためにそれは無駄なようである。

船井幸雄（実業家）

見聞の狭い人が、
非凡な人の言葉を理解することが
出来なくてなじる。

柳宗悦（民藝研究家）

かけがえのない人間となるためには、
いつも他とは違っていなければならない。

ココ・シャネル（シャネル創業者）

周囲から浮いてしまったとき

多数に追随すれば必ず自分を見失う。
孤独を恐れず、
したいことを続けるしかない。

安藤忠雄（建築家）
『建築家安藤忠雄』（新潮社）

素顔で語る時、
人はもっとも本音から遠ざかるが
仮面を与えれば真実を語りだす。

オスカー・ワイルド（作家）

また習慣は唯一人の身体にのみ
付随しているもので無く、
他人に感染するもので、ややもすれば、
人は他人の習慣を模倣したがる。

渋沢栄一（実業家）

どこかで何か違うことをしなくては勝てない。

福嶋晃子（プロゴルファー）

神と悪魔が闘っている。
そして、その戦場こそは人間の心なのだ。

ドストエフスキー（小説家）
『カラマーゾフの兄弟』（新潮社）

会って直に話すのが、
悪感情を一掃する最上の方法である。

リンカーン（アメリカ大統領）

多数派は常に間違っている。
自分が多数派にまわったと知ったら、
それは必ず行いを改めるときだ。

マーク・トウェイン（作家）

見せかけだけの和はいらない。
最初から馴れあっている人間に発展はない。

河合滉二（サッポロビール社長）

スポーツに自己犠牲などありえないと思う。
自己を生かすことがチームを生かすことなんだ。

平尾誠二（ラグビー選手）

人の言うことは気にするな。「こうすれば、ああ言われるだろう…」、こんなくだらない感情のせいで、どれだけの人が、やりたいこともできずに死んでいくのだろう。

ジョン・レノン（ミュージシャン）

贈れば笑顔のお返しがあるひと言がある。
ありがとうとごめんねだ。

金平敬之助（コラムニスト）

教養とは、自分とは別の価値観も
許容することだ。

樋口裕一（作家・予備校講師）
『頭がいい人、悪い人の話し方』（ＰＨＰ研究所）

私は自分にないものを見て、自分のことを不幸だと思っていた。周りの人は私にあるものを見て、私のことを幸せだと思っていた。

ジョセフ・ルー（牧師・小説家）

人のものはよくみえる。
それはそうなんだよなあ。だが、遅かれ早かれ、
そんなことが気にならなくなる。

江国滋（評論家・エッセイスト）

他人を超えるには、自分独自のやり方、
考え方を実行しなければならない。

小出義雄（中・長距離陸上選手の指導者）

清濁併せ呑むということの出来ない人は、
広い世界を狭く生き、調和ある人生を、
知らず識らず不調和におとしいれる人である。

中村天風（日本初のヨガの行者）

大統領や総理大臣の代わりはいるだろうが、
オレの代わりはいないんだ。

勝新太郎（俳優）

ひとの気に入るかどうかを問題にしない人間は、
世の中で成功することができる。

ヨハンナ・キンケル（ドイツの作曲家）

常に自分の中にある答えを求めなさい。
まわりの人や、まわりの意見や、まわりの言葉に、
まどわされてはいけません。

アイリーン・キャディ（フィンドホーン創設者）

すべて意見を述べるにあたり大切なことは、説く相手の誇りとする点を誇張して、恥とする点をすべて述べないようにする言い方を心得ることにある。

司馬遷（歴史家）『史記』

世の中の人は何とも言わば言え。わが成すことは我のみぞ知る。

坂本龍馬（幕末の志士）

みんなが〝だめだ〟と言うから成功すると思った。

藤田田（日本マクドナルド創業者）

人間は善良であればあるほど、他人のよさをみとめる。だがおろかで意地悪であればあるほど、他人の欠点を探す。

トルストイ（作家）

媚びない、逃げない、人のせいにしない

大楠道代（女優）『大人の女の名セリフ』（講談社）

人の心、元より善悪なし。善悪、縁に随っておこる

懐奘（曹洞宗の僧）

至上の処世術は、妥協することなく、
適応することである。

ジンメル（哲学者）

勇気と節操をもっている人たちは、
他の人たちからみると、
いつだって非常にきみのわるいものさ。

ヘルマン・ヘッセ（作家）
『デミアン』（岩波書店）

才知と狂気は縁つづき、
薄い仕切りが二つを分かつ。

ドライデン（イギリスの詩人）

自分しか歩けない道を　自分で探しながら
マイペースで歩け。

田辺茂一（紀伊国屋書店創業者）

マジョリティが現在を作り、
マイノリティが未来を創る。

諸井貫一（秩父セメント元社長）

常識とは、18歳までに身につけた
偏見のコレクションのことを言う。

アインシュタイン（物理学者）

ひとりでいる力をつけよう。

トーマス・ブラウン（作家）

人を相手にせず、天を相手にせよ

西郷隆盛（薩摩藩士）

しんせつげに物いう、うらみのもと也《なり》

良寛（曹洞宗の僧）

幸いなるかな、独りありて、
今日をわがものぞと言いうる人は。
心安らかに、かく言いうる人は。

ホラティウス（ローマの詩人）

世の中になおいと心憂きものは、
人ににくまれんことにこそあるべけれ

清少納言（随筆家）

全体は個人のために、
個人は全体のために存在する。

デュマ（フランスの小説家）

人から批判されて傷ついたとき

人から恨まれようが、
憎まれようが、
それで死ぬことはない。

近松門左衛門（人形浄瑠璃作者）

人と人との掛橋になるつもりなら、
踏みつけられるのを覚悟しなくてはならない。

ロイ・A・ウェスト（教育者）

自由に生きても、忍耐で生きても、それほど文句を言われる量は変わらないと思う。だとしたら、自由に生きたほうが、自分のためになるのではないか。

大津秀一（医者）
『死ぬときに後悔すること25』（致知出版社）

思慮なき友人ほど危険なものはない。

ラ・フォンテーヌ（フランスの詩人）

世の中のいざこざの因となるのは、
奸策や悪意よりも、むしろ誤解や怠慢だね。

ゲーテ（文学者）

自分の過ちを認めることほど難しいものはない。
事態を解決に導くには素直に
自分の落ち度を認めるのが何よりである。

ディズレイリ（イギリスの首相）

世間はウソであふれているが、
いちばん困るのは
そのうち半分はホントだということである。

チャーチル（イギリスの首相）

他人の悪をよく見る者は己が悪これを見ず。

足利尊氏（室町時代の初代征夷大将軍）

他人があなたをどう扱おうと、
礼節を持って行動せよ。
他人にあなたの行動を決定させてはいけない。

H・J・ブラウンJr.（実業家）

天才とは永遠の忍耐だ。

ミケランジェロ（芸術家）

才能は孤独のうちに育ち、人格は荒波で育つ。

ゲーテ（文学者）

みんなが決まったように同じことを言うときは、かならず
何かおかしいものだ。そういうときは、
「何か」がある。それをよく考えて欲しい。

岡本吏郎（経営コンサルタント）
『お金の現実』（ダイヤモンド社）

行いには厳しく、心には寛大に。
自分には厳しく、他人には優しく

中国の格言

己れ自身を信頼する者は、
群集を指導し、かつ支配す

ホラティウス（ローマ時代の詩人）

人間はね、自分が困らない程度内で、なるべく人に親切がして見たいものだ。

夏目漱石（作家）
『三四郎』（岩波書店）

友情。信頼。私は、それを「徒党」の中に見たことがない。

太宰治（小説家）
『もの思う葦』（新潮社）

人に施したる利益を記憶するなかれ、人より受けたる恩恵は忘るるなかれ。

バイロン（詩人・画家）

親切は社会を結びつけている黄金の鎖である。

ドイツのことわざ

自分の容貌を知らない者は、鏡を悪く言う。自らの心を知らない者は、人を悪く言う。

モンゴルのことわざ

幸福だけの幸福は、パンばかりのようなものだ。食えはするがご馳走にはならない。無駄なもの、無用なもの、余計なもの、多すぎるもの、何の役にも立たないもの、それがわしは好きだ。

ビクトル・ユゴー（作家）
『レ・ミゼラブル』（岩波書店）

人間、馬鹿は構いません。
だが、義理を知らないのはいけません。

久保田万太郎（作家）
『末枯』（新潮社）

人間は神がつくったということは僕は信じられない。神がつくったものにしては人間は無常すぎ、不完全すぎる。しかし自然が生んだとしたら、あまりにも傑作すぎるように思うのだ。

武者小路実篤（小説家）

道を明にして功を計らず、義を正して利を計らず。

吉田松陰（幕末の思想家）

人生は一箱のマッチに似ている。
重大に扱うのはばかばかしい。
しかし、重大に扱わねば危険である。

芥川龍之介（作家）

人生にはどうしても必要なことが三つある。
それは夢と、ロマンと、反省だ。

山村雄一（臨床免疫学者）

いいかい、人生というのは矛盾から成り立っているものなんだ。もしも、矛盾の中心にちゃんと止まるものなら、人生の意味がわかるはずだ。

サム・シェパード（俳優・劇作家）

徳を以って人に勝つものは栄え、
力を以って人に勝つものは亡ぶ

『源平盛衰記』

誰がそう言ったかを尋ねないで、
言われていることは何か、それに心を用いなさい。

トマス・ア・ケンピス（思想家）

人の口には戸が立てられず

近松門左衛門（人形浄瑠璃作者）

愚者は自分の舌を押さえることができない

陳勝（中国の武人）

中傷は奇妙な掟をもつところの悪徳である。
それを殺そうとすれば生きるが、
放っておけば自然死する。

トマス・ペイン（イギリスの政治評論家）

人のうわさも七十五日

日本の格言

寛大は正義の花である。

ホーソン（アメリカの小説家）

どんな人間も見放すな。

ヒューバード・ハンフリー（アメリカの政治家）

我《わ》が悪《あく》をいうものは我が師なり。
我が好《こう》をいう者は、我が賊《ぞく》なり。

無住（臨済宗の僧）

万人に褒められんより、
道知れる者（達人）一人に
褒められん事思うえし

大蔵虎明（狂言師）

人を裁くことなかれ。
しからば汝らも裁かれざらん

『新約聖書』

批判については、いっさい弁解しません。
非があるから黙っているのではなく、
そう思い込んでいる人には
何を言っても無駄ですから。

千宗室（茶道家）

人生において、万巻の書を読むより、優れた人物に一人でも多く会うほうがどれだけ勉強になるか。

小泉信三（経済学者）

怠け者だったら、友達をつくれ。
友達がなければ、怠けるな。

サミュエル・ジョンソン（イギリスの文学者）

本当の友達とならば、
注意すべきことは、直接伝えるべし。
そして、直接、その過ちを責めるなら、
影では、その良いところを褒めるべし。

貝原益軒（本草学者・儒学者）

質問の上手な人と話しをすれば、
驚くほど自分自身を引き出してくれる。

出口光（経営コンサルタント）

友情は不変といってよいが
色と恋が絡めば話は別になる。

シェイクスピア（劇作家）
『から騒ぎ』

朋友はわが喜びを倍にし悲しみを半ばにする。

キケロ（政治家・哲学者）

唐とこの国とは、言異なるものなれど、
月の影は同じことなるべければ、
人の心も同じことにやあらむ。

紀貫之（歌人）
『土佐日記』（岩波書店）

酒が作り出した友情は、
酒のように一晩しかもたない。

ローガウ（詩人）

みんなを喜ばせようとしてごらんなさい。
誰も喜ばせることはできないでしょう。

アイソーポス（寓話作家）『イソップ物語』

小才は、縁に出合って縁に気づかず。
中才は、縁に気づいて縁を生かさず。
大才は、袖すり合った縁をも生かす。

柳生家家訓

人は称賛を求めるもの。
他人に対する誉め言葉を一生懸命に探すがよい。

H・J・ブラウンJr.（実業家）

人と話をする時は、その人自身のことを話題にせよ。そうすれば、相手は何時間でもこちらの話を聞いてくれる。

ディズレイリ（イギリスの首相）

欠点のない人間はいないだろう。
友人の欠点をとがめ立てていたら、
この世に友人というものはないだろう。

高見順（小説家）

しばらく二人で黙っているといい。
その沈黙に耐えられる関係かどうか。

キルケゴール（哲学者）

もっとも大きな快楽は、
他人を楽しませることである。

ラ・ブリュイエール（フランスのモラリスト）
『人さまざま』

ハッピーな人の周りには、
いつでもその人らしい風が吹いていて、
周囲に幸せな空気が広がっていく。

川畑洋子（作家）

気持ちよく断ることは、
半ば贈り物をすることである。

ブーテルウェク（哲学者）

他人と最もうまく協力できる人が、
最大の成功を収めることになる。

アンドリュー・カーネギー（アメリカの実業家）

真の友情は、前と後ろ、
どちらから見ても同じもの。
前から見ればバラ、
後ろから見ればトゲなどというものではない。

リュッカート（ドイツの詩人）

一人で考えていると、どんどん妄想はふくらんでいくのである。想像力というのは果てしない。果てしないぶんだけ間違った方向に進むと、事実とかけ離れたところに行ってしまう恐れがある。行き場を間違えないようにするためには、人とコミュニケーションをとった方がいい。

岩村匠（小説家）

すべての人が師であり、友である。

中谷宇吉郎（物理学者）

人の交わりにも季節あり。

南方熊楠（生物学者）

自分さえよければそれでいい、という夢は絶対に実現しません。

熊谷正寿（実業家）

世の中で生きるためには、人びととつきあうことを知らなければならない。

ルソー（哲学者）

敵には一度、友には何度でも注意しろ。

パレスチナの格言

子供と犬が嫌いな人間に悪人はいない。

W・C・フィールズ（コメディアン）

常に率直に語れば、
卑しい人間はお前を避けるであろう。

ウィリアム・ブレイク（画家）
『天国と地獄の結婚』

あなたのお仲間を見れば、
あなたのお人柄がわかります。

セルバンテス（スペインの作家）

どんな偉大な事柄でも、友人のためだと思えば、恐るるに足らない。どんな矮小なことでも、友人のためだと思えば、決して恥ずかしくない。

フィリップ・シドニー（イングランドの詩人）

ある男がはじめて君をあざむいたときには、彼を辱めるがいい。しかし、その男がもう一度君をあざむいたとしたら、君自身を恥じるがいい。

西洋のことわざ

君と一緒に陰口をきく者は、
君の陰口もきくだろう。

スペインのことわざ

真実とは数学者や哲学者が追求する記号にしかすぎません。人間関係にあっては親切さや偽りが千もの真実に値するのです。

グレアム・グリーン（小説家）

朋友の間、人と人との間は疑うをもって離れ、信ずるをもって合い申し候こと、人情の常に候

荻生徂徠（儒学者）

世界中の女をみんな集めたって、いい仲間の一人にはかなわない。

ジャン・ギャバン（フランスの映画俳優）

一方から大きな重みをかけると、友情は破壊される。

クニッゲ（活動家）

自分を磨くためには、大きな人に会うことです。若い人たちによく話すのですが、同時代に生きる大人物には、ものおじせずにお会いなさいと。対面すること、対面しようと努力することで、人間力は確実に強まるのですから。

福原義春（資生堂名誉会長）

友情は最高の情熱であり、捨てるにしても最後に捨てるべき情熱である。

アベル・ボナール（フランスの詩人）

私は、自分と自分の行動がばかばかしく
思えるようになったとたん、変わりはじめたのだ。
自分が変わるには、
自らの愚かさをあざ笑うことだ。
そうすれば見切りをつけ、
前進することができるのだ。

スペンサー・ジョンソン（心理学者）
『チーズはどこへ消えた？』（扶桑社）

完全に孤立した人間は存在しない。
悲しんでいる人は、他人をも悲しんでいる。

サン・テグジュペリ（作家）

自分を許さないということは、
世界さえも変えられる力を
自分の中に閉じ込めてしまうことです。

パトリック・ミラー（宗教家）

興味があるからやるというよりは、
やるから興味ができる場合が
どうも多いようである。

寺田寅彦（物理学者・随筆家）

笑う世間の方がおかしい。

吉川英治（小説家）
『新・平家物語』（講談社）

孤独は知恵の最善の乳母である。

シュティルナー（哲学者）
『唯一者とその所有』（現代思潮社）

短い人生の中で、最も楽しいことは、
自分の心の波長と合う人との出会いです。

稲盛和夫（第二電電創業者）

孤独は思考の巣

クルドの格言

諸君自身の生活を楽しめ。
これを他人の生活とくらべたりしないで。

コンドルセ（数学者）

あなたには、二つの目と二つの手があります。
ひとつの目は自分を見つめなさい。
もうひとつの目は、人を見なさい。
ひとつの手は自分のために。もうひとつの手は
困っている人にさしのべなさい。

オードリー・ヘプバーン（女優）

幸福とは幸福をさがすことである。

ジュール・ルナール（フランスの小説家）

臆病は伝染するものだ。

R・L・スティーヴンスン（小説家）
『宝島』（岩波書店）

君自身が心から感じたことや、しみじみと心を
動かされたことを、くれぐれも大切にしなくて
はいけない。それを忘れないようにして、その
意味をよく考えてゆくようにしたまえ。

吉野源三郎（編集者）
『君たちはどう生きるか』（岩波書店）

苦中の苦を喫っせざれば、上中の上人とならず

滝沢馬琴（作家）

自己の内側の大いなるものの小ささを
感ずることができぬものは、
他人の内側の小さなものの大いさを
見のがしやすいものだ。

岡倉天心（思想家・文人）

ひとりぼっちで天国にいるとしたら、
こんなに辛いことはないだろう。

ゲーテ（文学者）

出てこい、万物の光の中へ！
自然を教師とせよ！

ウィリアム・ワーズワース（詩人）

自分にできないと考えている間は、
本当はそれをやりたくないと
心に決めているのだ。
だからそれは実行されはしない。

スピノザ（哲学者）

植物は耕作によりつくられ、
人間は教育によってつくられる。

ルソー（哲学者）

自分こそ自分の友であり、
自分こそ自分の敵である

『バガヴァッド・ギーター』（ヒンズー教の聖典）

平和が来るか来ないかということは、個々人の心の持ちようのなかに、したがってまた諸国民の心の持ちようのなかに作りあげられるものにこそかかっている。

シュバイツァー（フランスの神学者）

人にものを施せば我が身の助けとなる。

日蓮（日蓮宗開祖）

人間は自分自身によってのみ救われる、自分によって、そして自分のうちで。

カール・エミール・フランツォース（オーストリアの作家）

過去にしがみついて前進するのは、鉄球のついた鎖を引きずって歩くようなものだ。囚人とは罪を犯したものではなくて、自分の罪にこだわり、それを何度も繰り返して生きている人間のことだ。

ヘンリー・ミラー（小説家）

庭に人手が入れば入るほど、だんだん自分の家でなくなってくる。

W・H・デービス（イギリスの詩人）

一歩後退、二歩前進

レーニン（革命家）

いい日は幾らでもある。手に入れるのが難しいのはいい人生だ。

アニー・ディラード（作家）

もし冬がなかったら、春の訪れはそんなに喜ばれないだろう。もし私達が逆境を乗り越えなければ、成功もそれほどうれしく感じないだろう。

アン・ブラッドストリート（作家）

未来に向き合うには二つの方法がある。ひとつは心配、もうひとつは期待だ。

ジム・ローン（講演家）

犀の角のように、ただ独り歩め

ブッダ（仏教の開祖）

二人の囚人が鉄格子から外を眺めた。一人は泥を見た。一人は星を見た。

フレデリック・ラングブリッジ（詩人）『不滅の詩』

第5章
気持ちを楽にする言葉

やさしい言葉は、
たとえかんたんな言葉でも、
ずっとずっと心にこだまする。

マザー・テレサ（修道女）

未来は今日始まります。
明日始まるのではありません。

ヨハネ・パウロ2世（ローマ教皇）

大海よりもなお
壮大なものは
大空である。
大空よりもなお
壮大なものは
人心である。

ビクトル・ユゴー（詩人）

不幸のうちに初めて人は、
自分が何者であるかを
本当に知る。

シュテファン・ツワイク（作家）
『マリー・アントワネット』（岩波書店）

よりよい成果が得られるのは、
自分が一番好きな仕事をしているときだろうね。
だから、人生の目標は、
自分が好きなことを選ぶべきなんだ。

アンドリュー・カーネギー（アメリカの実業家）

自分の仕事を愛し、その日の仕事を完全に成し遂げて
満足した。こんな軽い気持ちで晩餐の卓に帰れる人が、
世にもっとも幸福な人である。

ジョン・ワナメーカー（実業家）

人に対して感じるいらだちや不快感は、
自分自身を理解するのに役立つことがある。

カール・グスタフ・ユング（精神科医）

あなたがたとえ氷のように潔癖で
雪のように潔白であろうとも、
世の悪口はまぬがれまい。

シェイクスピア（劇作家）

人間関係はこちらの出方次第。あたかも鏡の前に立つようなもの。こちらが笑えば向こうも笑う。こちらがしかめ面をすれば相手も渋面になる。

邑井操（評論家）

怒ることを抑えずに
表現できることも大事なんだ。

四元奈生美（プロ卓球選手）

母国に帰る敵軍はひき止めてはならず、包囲した敵軍には必ず逃げ口をあけておき、進退きわまった敵をあまり追いつめてはならない。

孫子（兵法家）
『孫子』（岩波書店）

怒りの静まる時後悔がやってくる。

ソフォクレス（ギリシャの劇作家）

全員が賛成するような案はパンチがないし、
全員が賛成する頃には、
もう後れをとっているものが多い。

吉田忠雄（ＹＫＫの創業者）

長年のうっぷんの原因を深く考えてみると、
じつはただ一言、「ごめんね」や、
「ありがとう」という言葉が
足りなかっただけなのではないでしょうか。

船井幸雄（実業家）
『13歳からのシンプルな生き方哲学』（マガジンハウス）

おこないはおれのもの、批判は他人のもの、
おれの知ったことじゃない。

勝海舟（幕臣）

偉大な人間には偉大な敵がいる

ユダヤの格言

中傷を受けない賢人よりも、
中傷を受けても動じない賢人のほうが
格が上だということを知っておいてもらいたい。

セネカ（哲学者）

敵を持たないということは、最大の悪運である。

キュロス2世（ペルシャ国王）

評論家はいらないのです。
反対意見は大いに結構、
しかし必ず代案をだしなさい。

堀場雅夫（実業家）

議論好きの人間よりも、
かわすのがうまい人間を、恐れなさい。

マリー・エッシェンバッハ（オーストリアの作家）

腹が立ったら十まで数えよ。
うんと腹が立ったら百まで数えよ。

ジェファーソン（アメリカ大統領）

何かにつけて憤怒をいだくうちは自己を制御していない。すべての悪に対しては、平静な抵抗が最高の勝利をおさめる。

カール・ヒルティ（法学者）
『眠られぬ夜のために』（岩波書店）

悪人を憎むような善人は
まだ実力のない善人である。

清沢満之（真宗大谷派の僧）

怒る時に怒らなければ、
人間のかいがありません。

太宰治（小説家）
『富嶽百景・走れメロス 他八篇』（岩波書店）

物静かな言葉、やわらかな人当たり、温かな抱擁、
親切な、心のこもったしぐさ……
そこに共通するのは、優しさです。

ブラッドフォード・キーニー（心理学者）

和を以て貴しと為す。

聖徳太子

他人を益《えき》せんが為《た》めに起すならば、
喜怒哀楽《きどあいらく》の心、みな大慈悲《だいじひ》となる。

仙厓（臨済宗の僧）

すべてを納得すれば、心はきわめて寛大になる。

スタール夫人（フランスの小説家）

どんな虫っけらだって、踏みつけられりゃあ、
何を！ というかっこうをするものだ。

セルバンテス（スペインの作家）

怒りは奇妙な用法を有する武器である。
他のすべての武器は、
人間がこれを用いるものだが、
この武器はわれわれを用いる。

モンテーニュ（哲学者）

忠告はめったに歓迎されない。
しかも、それをもっとも必要とする人が、
つねにそれを敬遠する。

チェスターフィールド（政治家）

人間は働きすぎてだめになるより、
休みすぎてサビ付く方がずっと多い。

カーネル・サンダース（実業家）

〝頑張れ！〟のスローガンは、
これまで人類のさまざまな問題を解決してきたし、
これからも解決しつづけるだろう。

クーリッジ（アメリカ大統領）

理想の環境なんて待つな。
最高のチャンスも同様だ。
そんなものは、決して来ない。

ジャネット・E・スチュアート（聖職者）

何もすることのない人は、
いつも誰よりも忙しがっている。

フランスのことわざ

美しい唇であるためには、
美しい言葉を使いなさい。
美しい瞳であるためには、
人の美点を探しなさい。

オードリー・ヘプバーン（女優）

疲れちょると思案がどうしても滅入る。
よう寝足ると猛然と自信がわく。

坂本龍馬（幕末の志士）

多すぎる休息は、
少なすぎる休息と同じく疲労させる。

カール・ヒルティ（法学者）

丁寧な言葉を聞きたいと思ったら、
丁寧な言葉を使え。

カイ・カーウース（ペルシャ神話に登場する王）

言葉には限界があるから、
自分が10思っていることを、
全部相手に伝えることは難しい。

川淵三郎（サッカー協会名誉会長）
『采配力』（ＰＨＰ研究所）

たったひとことが人の心に温かみを与え、
たったひとことで人の心を傷つける。

永崎一則（話力総合研究所設立者）

自分しか知らない目標だと、壁にぶつかったら
簡単に逃げられるじゃないですか。周りに喋り
まくることで「やらなきゃ！」と思えるんです。

藤田志穂（実業家・ファッションモデル）

自分で決断、断言しなくちゃ。何事においても
そうだけど、「できればやりたい」なんていう気
持ちでは、生涯実現できないだろうね。

山本一力（小説家）

おれは、やりたいことは十分やったから、
幸せだった。

八杉晴実（子ども支援塾ネット創設者）

ありふれた助言から学べるのは、
学びたいという純粋な望みが
あるときだけである。

ボイド・ケネス・パッカー（宗教家）

人ってものはね、悪いことばかりそう続くもんじゃないよ。悪いこともありゃ、いいこともある。またいいことがありゃ悪いこともある。

落語『三味線栗毛』

幸福はまず何より健康のなかにある。

G・W・カーチス（ジャーナリスト）

死ぬということは、生きているよりイヤなことです。けれども、喜んで死ぬことができれば、くだらなく生きているよりは幸福なことです。

谷崎潤一郎（小説家）

人は生きねばならぬ。生きるためには戦はねばならぬ。名は揚げねばならぬ。金はもうけねばならぬ。命懸けの勝負はしなければならぬ。

徳冨蘆花（小説家）
『思出の記』（岩波書店）

今がんばらなければ、いつがんばる。

藤田晋（実業家）

大食いをして、眠りをこのみ、ころげまわって寝て、まどろんでいる愚鈍な人は、糧を食べて肥る大きな豚のようである。

ダーサカ長老

『仏弟子の告白』(岩波書店)

100%稽古できないやつは試合に出る資格はない。

斉藤仁(柔道金メダリスト)

『20世紀名言集(スポーツマン篇)』(情報センター出版局)

上手に逃げよう。

山下清(画家)

『日本ぶらりぶらり』(筑摩書房)

善行は、お返しが出来ると思われる限りは、快く受け取られる。その限度を超えると、感謝の代わりに憎悪が返ってくる。

モンテーニュ(哲学者)

『随想録』(白水社)

明日を最も必要としない者が、最も快く明日に立ち向かう。

エピクロス(哲学者)

『エピクロス―教説と手紙』(岩波書店)

未来とは今である。

マーガレット・ミード(文化人類学者)

自分の力ではどうにもならないことは
心配するな。

ユダヤの格言

眠《ねむ》りを愛してはいけない。
さもないと貧しくなる。目を開け。
そうすれば、パンに飽《あ》き足《た》りる。

『旧約聖書』

いくら健全な「心」を持っていたとしても
「体」が丈夫でなければ
健全な心を生かせないと思っている。

青木功（プロゴルファー）

積極的に空き時間をつくりましょう。
待っているだけでは、
自由な時間はやってきません。

ドミニク・グロシュー（実業家）
『強い組織をつくるための小さなヒント』（ベストセラーズ）

人生は何事をもなさぬにはあまりに長いが、
何事かをなすにはあまりにも短い。

中島敦（小説家）
『李陵・山月記』（新潮社）

時代は時代に遅れる者を罰する。

ミハイル・ゴルバチョフ（旧ソ連の最高指導者）

眠りは悩める者にとって唯一の回生剤である。

トマス・ア・ケンピス（思想家）

自分の領分だけに眼を限れ。

ビーチー（イギリスの航海者）

例えれば、鍛冶屋が腕を振って
腕が太くなるように、元気を出し続けると
元気は増して来るものである。

三宅雪嶺（哲学者）

勤勉だけが取り柄なら蟻と変わるところがない。

ヘンリー・デビッド・ソロー（アメリカの作家）

一生懸命働いた後に飲む一杯のワイン。それは
時を止め、感受性を高め、幻想と瞑想の世界へ
誘う力を持っている。…至上の楽しみとは、一
息入れることである。

トーマス・ムーア（詩人）

休息する時間がなければ継続できない。

オウィディウス（詩人）

空中に投げられた石にとって、
落ちることが悪いことではない。
昇るのが良いことでもない。

マルクス・アウレーリウス（ローマ皇帝・哲学者）

人間はやはり物欲を持たなくてはいけないな。
物欲が衰えた時は、生命力の弱まった時だ。

上林暁（小説家）

「昔はよかった」とよく聞きますね。が、本当に昔がよかったのか、そうじゃない。新しい時代に適応できなくなっただけです。

波多野完治（心理学者）

死の恐怖を味わうということは、
まだしなければならない
仕事をしていないということである。

武者小路実篤（小説家）

若いときに放縦すぎると心に潤いを失い、
節制しすぎると融通がきかなくなる。

サント・ブーヴ（文芸評論家）
『我が毒』（角川書店）

年をとったから遊ばなくなるのではありません。
遊ばなくなるから年をとるのです。

ヘレン・ヘイズ（女優）

人の生き方に反対でも、
変えさせるのはよくないわ。
それに大抵手遅れだし。

フランソワーズ・サガン（フランスの小説家）

四十歳を過ぎると、
男は自分の習慣と結婚してしまう。

メレディス（イギリスの小説家）

未練が老醜のはじまりではないだろうか。

中野重治（小説家）

十六歳で美しいのは自慢にはならない。
でも六十歳で美しければ、それは魂の美しさだ。

マリー・ストーブス（植物学者・女性運動家）

生涯の頂上で死ねたらいいな。

むのたけじ（ジャーナリスト）

近ごろの若い者云々という中年以上の発言は、
おおむね青春に対する
嫉妬の裏返しの表現である。

梅崎春生（小説家）

事業の進歩に、最も害をなすものは、
青年の過失ではなくて、老人の跋扈《ばっこ》である。

伊庭貞剛（実業家）

人間生きることが全部である。
死ねばすべてなくなる。

坂口安吾（小説家）
『不良少年とキリスト』（新潮社）

三十にして立ち、四十にして惑わず、
五十にして天命を知る

『論語』

死と同じように避けられないものがある。
それは生きることだ。

チャップリン（映画監督）
映画『ライムライト』

信頼は老人の胸では
成長のゆっくりした植物である。
これに比べ青春（若さ）は思い込みの季節である。

ウィリアム・ピット（イギリスの政治家）

精神のいちばん美しい特権の一つは、
老いて尊敬されることである。

スタンダール（作家）

よく働けば、人は長寿で一日が短い

トルコの格言

われ常に学びつつ老いぬ。

ソロン（ギリシャの賢人）

画家も長生きしなければよい作はできない。
わしもこのごろどうやら思うように描ける。

富岡鉄斎（画家）

友人が「お若く見えますね」とお世辞を言うようになったら、老人になり始めていると思われるようになったと確信してよいだろう。

ワシントン・アーヴィング（作家）

年齢は恋と同じである。隠しても現れる

トーマス・デッカー（詩人）

すでに生きてしまった一つの人生は、
つまり下書きで、
もう一つの方が清書だったらねえ。

チェーホフ（作家）

我々は、他人に幸福を分け与えることにより、
それと正比例して、
自分の幸福を増加させるのだ。

ジェレミー・ベンサム(経済学者)

この世に「雑用」という用はありません。
私たちが用を雑にした時に、雑用が生まれます。

渡辺和子（ノートルダム清心学園理事長）

心配するにしても希望を持つにしても、
ほどほどにしたがいいでしょう。

ジェーン・オースティン（小説家）
『高慢と偏見』（河出書房新社）

仕事は男の中身を作り、
遊びは男の行間を広くする。

川北義則（出版プロデューサー）
『男の品格』（ＰＨＰ研究所）

計画のない実践は、
海図のない航海に似ています。
それは航海というより漂流です。

田島義博（経済学者）
『マーチャンダイジングの知識』（日本経済新聞社）

いちばん忙しい人間が、
いちばんたくさんの時間を持つ。

アルフレッド・ビネ（フランスの心理学者）

百人の医者を呼ぶよりも、
夜更かしと夜食をやめよ。

スペインのことわざ

楽しんでやらなきゃ
なにごとも身につきはしません。

シェイクスピア（劇作家）
『じゃじゃ馬馴らし』（岩波書店）

あと1年と思って何もしない人は、
5年あっても10年あっても何もしないでしょう。

ドラマ『僕の生きる道』

酒がいちばんいいね、酒というのは人の顔色をみない。貧乏人も金持ちも同じように酔わしてくれるんだ。

古今亭志ん生（落語家）

旅はどんなに私に生々としたもの、あたらしいもの、自由なもの、まことなものを与えたであろうか。旅に出さえすると、私はいつも本当の私となった。

田山花袋（小説家）
『東京の三十年』（岩波書店）

朝は三分早く起きて新聞を読み、コーヒーを楽しみ、余裕をもって会社の門をくぐりたまえ。朝をベストコンディションにしておくことは、長い人生随分違いが出てくるよ。

大渡順二（医事評論家）

何も出来ない日や時は、後になって楽しめないようなものを作ろうとするより、ぶらぶら過ごしたり、寝て過ごすほうがいい。

ゲーテ（文学者）

アダムはリンゴが欲しかったから食べたのではない。禁じられていたから食べたのだ。

マーク・トウェイン（作家）

女と協力しなければ、男はけっして愉快になれません。

アリストパネス（ギリシャの喜劇作家）

有名になるなんて、つまらないことさ。はじめはきっとおもしろいだろう。でもだんだんなれっこになって、しまいにはいやになるだろうけどね。メリーゴーランドにのるようなものじゃないか。

トーベ・ヤンソン（児童文学作家）
『ムーミンパパの思い出』（講談社）

「性善説」に基づいた人づき合いを心がけること。すぐに相手を「敵か、味方か」と考えてしまうようでは、人間としての「器」は知れたものだ。

ジョン・C・マクスウェル（牧師・作家）

離れればいくら親しくってもそれきりになる代りに、一ところにいさえすれば、たとい敵同志でもどうにかこうにかなるものだ。つまりそれが人間なんだろう。

夏目漱石（作家）
『道草』（岩波書店）

とらわれずに、こだわろう。

黒崎輝男（実業家）

幸福になりたいのなら、まず、人を喜ばせることからはじめたまえ。

マシュー・ブリオール（詩人）

人生は物語のようなものだ。そんな人生において重要なことは、どんなに長いかということではなく、どんなに良いかということである。

セネカ（哲学者）

自分が立っているところを深く掘れ。そこからきっと泉が湧き出る。

高山樗牛（文芸評論家）

毎月少しずつ貯金しなさい。そうすれば年末に、どんなにわずかしかたまっていないか知ってびっくりするだろう。

アーネスト・ハスキンズ（公務員）

金がないから何もできないという人間は、
金があっても何もできない人間である。

小林一三（阪急グループ創業者）

富は海の水に似ている。
それを飲めば飲むほど、のどが渇いてくる。

ショーペンハウエル（哲学者）

「貧困は恥ではない」というのは、すべての人間が口にしながら、誰一人、心では納得していない諺である。

コッツェブー（劇作家）

彼らが金持ちなのは、自分の金を守ることに成功したからである。それはつまり、一日に十回は他人に「ノー」といったということだ。

サガン（小説家）

完全なる富は完全なる信念から生じなければならない。

渋沢栄一（実業家）

もし勤勉と正直だけが富を築くのだと信じている人があるなら、とんでもないことだ。それは大きな間違いである。

ナポレオン・ヒル（著作家・成功哲学の祖）
『成功哲学　やる気と自信がわいてくる』（産能大出版部）

金銭は何人たるを問わず、その所有者に権力を与える。

ジョン・ラスキン（評論家）

金銭は肥料のようなものであって、
ばら蒔かなければ役には立たない。

フランシス・ベーコン（哲学者）
『ベーコン随想集』（岩波書店）

百万円の金ができれば百万円の知恵がわく。
一千万円の金ができれば一千万円の知恵がわく。
まずタネ銭を貯えることから始めたまえ。

大谷米次郎（実業家）

貸すならば、
失くしても惜しくないだけの額を貸すことだ。

ジョージ・ハーバート（社会心理学者）

必要な時には金銭について
話すことが出来ねばならぬ。
金銭について口をつぐむ者は、
一種の偽善行為である。

ペギー（詩人）

若い時の自分は、金こそ人生で最も大切なもの
だと思った。今、歳をとってみると、その通り
だと知った。

オスカー・ワイルド（作家）

勤労の裏づけのない富は人間を誤る。

山本周五郎（小説家）

皆さん、お金なんか残すことはありません。
もめるだけです。

綾小路きみまろ（漫談家）

金の出し入れを几帳面に見張る習慣は、
分相応の生活を送るために大いに役立つ。

ジョン・ロック（哲学者）

貧乏人は安いものが好きだ。
そして金持ちは貧乏人よりさらに
安いものが好きだ。
だから金持ちになったんだ。

松本清（マツモトキヨシ創業者）

お金持ちを貧乏にしても、
貧乏な人はお金持ちになりません。

マーガレット・サッチャー（イギリスの首相）

この世における諸悪の根源は、
お金そのものではなく、
お金に対するその人の愛情にある。

サミュエル・スマイルズ（作家）

貧乏はハシカと同じだ。
どうせかかるなら早い方がいい。

本多静六（林学博士、造園家）

借金を返すということは収入の問題ではない。性質の問題だ。

ローガン・スミス（随筆家）

銭いらず道理もいらず名もいらず
ただ有丈《ありたけ》で世渡りをする

山岡鉄舟（幕臣）

人は自分の心を養うためよりも何千倍も多く、富を得るために心を使っている。

ショーペンハウエル（哲学者）

財を1単位多く消費することで得られる喜びは、初めが最も大きく、徐々に減少していく。

ヘルマン・ハインリヒ・ゴッセン（ドイツの経済学者）

運の無さを嘆きたくなったら

「運」の強い人間とは、
言い換えれば「勘」のよい人間のこと。

伊藤正裕（実業家）

不幸な人間は、
いつも自分が不幸であるということを
自慢しているものです。

バートランド・ラッセル（論理学者）

人生は学校である。
そこでは幸福より不幸のほうがよい教師である。

フリーチェ（ロシアの文学史家、批評家）

運命は神の考えることだ。
人間は人間らしく働ければそれで結構だ。

夏目漱石（作家）

奇跡を願ってもよい。
しかし奇跡に頼ってはいけない

ユダヤの格言

手帳でもカレンダーでもいいので、とにかく努力の記録をつける。そうすると、頭がつねにそれを意識するようになるんですね。これはかなり有効です。

松沢幸一（キリンビール代表取締役社長）

不幸は、これを語ることによって
軽くすることができる。

ピエール・コルネイユ（劇作家）

私は、運の存在を強く信じている。
そして、運は努力すればするほど、
ついてくることを知っている。

トーマス・ジェファーソン（アメリカ大統領）

運命は我々の行為の半分を支配し、
あとの半分を我々自身にゆだねている。

マキャベリ（政治思想家）
『君主論』（岩波書店）

物知りの馬鹿は無知の馬鹿より阿呆である。

モリエール（劇作家）
『女学者・気で病む男』

明日はなんとかなると思う愚か者よ。
今日でさえ遅すぎるのだ。
賢者はもう昨日済ましている。

カーリー・クーリ（映画監督）

知識のある人はすべてについて知識があるとは
限らない。だが、有能な人は、すべてについて
有能である。無知にかけてさえも有能である。

モンテーニュ（哲学者）
『エセー』

人間の一生には一度はまたとない好機が来る。

遠藤周作（作家）

愚か者は、幸福がどこか
遠いところにあると思い込んでいる。
利口者は幸福を足元で育てている。

ジェームズ・オッペンハイム（小説家）

名言のない時代は不幸だが、
名言を必要とする時代はもっと不幸だ。

ベルトルト・ブレヒト（ドイツの劇作家）

運命の中に偶然はない。
人間はある運命に出会う前に、
自分がそれをつくっている。

トーマス・ウッドロウ・ウィルソン（アメリカ大統領）

人間は、自分が他人より劣っているのは
能力のためではなく運のせいだと
思いたがるものなのだ。

プルタルコス（古代ローマの著述家）
『饒舌について　他五篇』（岩波書店）

真の才能というものは、孔雀の尾のように、
自分で引き出さなければなりません。

ノヴィコフ・プリボイ（ロシアの作家）

ほめらるるもの、四五日に過ぎず。
そしらるるもの、また四五日に過ぎず

『宇治拾遺物語』

世界は結局のところ神の世界である

キングズリー（イギリスの小説家）

運命は偶然よりも必然である。
「運命は性格の中にある」と云う言葉は
決して等閑に生まれたものではない。

芥川龍之介（小説家）
『侏儒の言葉』（青空文庫）

良い予感を抱けなかったところに
ツイていない人間のツキのなさがある。

西田文郎（能力開発指導者）
『ツキの大原則』（三笠書房）

山勘というのは磨けば磨くほど
当たる確率が大きくなりますよ。

小柴昌俊（物理学者）

寒さにふるえた者ほど太陽の暖かさを感じる。
人生の悩みをくぐった者ほど生命の尊さを知る。

ホイットマン（アメリカの詩人）

悔は凶より吉に赴くの道なり

中江藤樹（陽明学者）

参考文献（50音順）

『「あのひとこと」知ってるつもり⁉ ことばのアンソロジー』（日本テレビ知ってるつもり⁉編　日本テレビ放送網）、『アラブの格言』（曽野綾子著　新潮社）、『「いいこと」がたくさん起こる名言セラピー』（植西聰著　三笠書房）、『いい言葉が人生を変える』（塚本晃生著　廣済堂出版）、『NHK『迷宮美術館』巨匠の言葉』（NHK『迷宮美術館』制作チーム著　三笠書房）、『思わずニヤリとする言葉』（晴山陽一著　青春出版社）、『英米人の基礎教養を知る　英語の名言名句』（本多正英著　研究社出版）、『英語の名句・名言』（ピーター・ミルワード著　別宮貞徳訳　講談社）、『解説　世界の名言名文句事典』（故事ことわざ研究会編　昭和出版社）、『語り継ぎたい世界の名言100』（ハイブロー武蔵・ペマ・ギャルボ著　七田眞監修　総合法令出版）、『唐沢俊一 壁際の名言』（唐沢俊一著　海拓舎）、『決めぜりふ』（齋藤学著　世界文化社）、『旧約聖書名言集』（名尾耕作著　講談社）、『ギリシア・ローマ名言集』（柳沼重剛編　岩波書店）、『巨人・渋沢栄一の「富を築く100の教え」』（渋澤健著　講談社）、『賢人の言葉』（稲員勲夫著　海鳥社）、『こころがフワッとする言葉』（有川真由美著　廣済堂出版）、『心がラクになる後ろ向き名言100選』（鉄人社）、『心をうるおす100の言葉』（フレデリック&メアリー・ブラサット著　鈴木秀子訳　クレスト社）、『こころを育てる魔法の言葉〈1〉・〈2〉・〈3〉』（中井俊已著　汐文社）、『心を揺さぶる名経営者の言葉』（ビジネス哲学研究会　PHP研究所）、『故事ことわざ辞典』（守随憲治監修　新文学書房）、『故事ことわざ名言名句実用辞典』（和田利政監修　主婦と生活社）、『ことわざ・格言辞典』（櫻井正信・鈴木儀一共編　永岡書店）、『ことわざに現れた性差別』（渡辺友左著　南雲堂）、『ことわざ・名言辞典』（永岡書店）、『座右の銘』（「座右の銘」研究会編　里文出版）、『座右の銘が見つかる本』（今泉 正

顕著　三笠書房）、『「座右の銘」1300』（別冊宝島編集部編　宝島社）、『仕事に活きる名言・名句』（日本経済新聞社）、『時代を動かす言葉』（轡田隆史著　講談社）、『知っておきたい日本の名言格言辞典』（大隈和雄・季武嘉也・義江彰夫・神田千里・山本博文著　吉川弘文館）、『17人の座右の銘』（田中孝顕著　きこ書房）、『人生について数字が教えてくれること』（ジョージ・シャフナー著　黒原敏行訳　角川書店）、『すごい言葉』（晴山陽一著　文藝春秋）、『生活の知恵「数」のことば辞典』（パキラハウス著　講談社）、『世界の女性名言辞典』（ＰＨＰ研究所編　ＰＨＰ研究所）、『世界名言集』（岩波文庫編集部編　岩波書店）、『世界の名言・名句』（旺文社）『世界の名言１００選』（金森誠也監修　ＰＨＰ研究所）、『戦国武将名言集』（桑田忠親著　広済堂出版）、『男性ＶＳ女性』（水田珠枝著　岩波書店）、『千年語録』（サライ編集部編　小学館）、『中国のことわざ』（千野明日香著　大修館書店）、『中国名言名句辞典』（大島晃編　三省堂）、『翼のある言葉』（紀田順一郎著　新潮社）、『東西名言辞典』（有原末吉編　東京堂出版）、『20世紀名言集［スポーツマン篇］』（ビジネス心理研究所編　情報センター出版局）、『日本語を使いさばく名言・名句の辞典』（現代言語研究会編　あすとろ出版）、『名作にひそむ・涙が流れる一行』（齋藤孝著　ジョルダン）、『人の心を動かす「名言」』（石原慎太郎監修　KKロングセラーズ）、『「人を動かす」英語の名言』（大内博・ジャネット大内訳　講談社）、『人を動かす名言名句集』（塩田丸男・鈴木健二監修　世界文化社）、『名言』（「座右の銘」研究会編　里文出版）、『名言力』（大山くまお著　ソフトバンククリエイティブ）、『ラ・ロシュフコー箴言集』（二宮フサ訳　岩波書店）、『私の好きな言葉』（佐藤秀郎編　講談社）、『忘れかけていた人生の名言・名句』（森村誠一著　角川春樹事務所）

その他、多数の雑誌やウェブサイトなども参考にしております。

[STAFF]
編集　インパクト
本文デザイン　e to kumi
校正　西進社

※本書は、小社刊『生きる力がわいてくる 名言・座右の銘1500』(2011年発行)の一部を加筆し、再編集したものです。

あなたを成功へと導く
名言777

2020年2月10日　第1刷発行
2022年3月10日　第4刷発行

編者　インパクト
発行者　永岡純一
発行所　株式会社永岡書店
〒176-8518 東京都練馬区豊玉上1-7-14
TEL03(3992)5155(代表)
03(3992)7191(編集)
印刷　精文堂印刷
製本　若林製本工場

ISBN978-4-522-43796-4 C0076